Hermann Robolsky

Hennigs von Treffenfeld

Ein altmärkischer Bauernsohn. Historische Erzählung.

Hermann Robolsky

Hennigs von Treffenfeld
Ein altmärkischer Bauernsohn. Historische Erzählung.

ISBN/EAN: 9783743450820

Hergestellt in Europa, USA, Kanada, Australien, Japan

Cover: Foto ©ninafisch / pixelio.de

Manufactured and distributed by brebook publishing software (www.brebook.com)

Hermann Robolsky

Hennigs von Treffenfeld

Hennigs von Treffenfeld,

ein altmärkischer Bauernsohn.

Historische Erzählung

von

Hermann Robolsky.

Salzwedel.
Gustav Klingenstein.
1891.

Dem

ruhmreichen Königl. Preuß. Ulanen-Regiment

Hennigs von Treffenfeld

(Altmärk.) Nr. 16

Hochachtungsvoll gewidmet

vom

Verleger.

Ich will das Andenken an den Generalmajor Hennigs von Treffenfeld, welcher in den Feldzügen meines erhabenen Ahnherrn des Großen Kurfürsten Friedrich Wilhelm, namentlich bei Fehrbellin und während des schwedischen Einfalls in Preußen, mit besonderer Hingebung gedient hat, dadurch ehren und für alle Zeiten in meinem Heere lebendig erhalten, daß ich dem altmärkischen Ulanen-Regiment Nr. 16 den Namen „Ulanen-Regiment Hennigs von Treffenfeld (Altmärkisches) Nr. 16" verleihe.

Ich vertraue zu dem Regimente, welches sich durch sein heldenmäßiges Verhalten in der Schlacht bei Dionville-Mars la Tour einen unvergänglichen Namen in der Kriegsgeschichte erworben hat, daß es in treuester Erfüllung seiner Pflichten fortfahren und sich dadurch weitere Ansprüche auf meine und des Vaterlandes Dankbarkeit erwerben wird.

Berlin, den 27. Januar 1890.

(gez.) **Wilhelm R.**

An das
Altmärkische Ulanen-Regiment Nr. 16.

I.

Von Jahr zu Jahr werden die altsächsischen Bauern= höfe in den Dörfern der Altmark seltener, und statt des von den Vorgeschlechtern hoch geschätzten Strohdaches fand längst die Ziegel= und Schieferdeckung Verwendung. Das mächtige Emporstreben der Landwirtschaft: die sachgemäßere Bearbeitung des Bodens, die Verbesserung der Viehzucht, die Vollkommenheit der zum Betriebe des Ackerbaues nötigen Geräte, die Einführung unzähliger Maschinen, — sie haben die alten Höfe, in denen Mensch und Vieh patriarchalisch und eng unter einem Dache wohnten, meist auf das Eingehregister gestellt. Noch sind sie freilich nicht alle verschwunden, die langen einstöckigen Gebäude mit dem großen Einfahrtsthor, der lehmgeschlagenen Dresch= tenne und den halboffenen Ställen rechts und links der Diele. Noch befindet sich im Hintergrunde derartiger Wohn= und Wirtschaftshäuser, durch nichts von den übrigen Räumen abgetrennt, der Feuerherd, an dem des Hauses Frau zum Mahl den dicken fetten Speck kocht, und von wo aus sie waltet und regiert und ihr Bestes, das breitgestirnte Vieh, stets im Auge behält; — aber die Zeit dieser Wohnstätten ist eben gezählt!

Meist nur eine einzige Stube mit Alkoven und ein paar Dachkammern für das Gesinde dienen dem Land= manne in einem Hofe altsächsischer Bauart zum Wohnen. Und doch sind die Räume „herrschaftlich" zu nennen gegenüber den kleinen einstöckigen Gebäuden, wie sie an= fangs dieses Jahrhunderts hauptsächlich im Kreise Salz= wedel auf dem Lande ebenfalls in großer Zahl gäng und gäbe waren. Da stand im Zimmer, das sein spärlich

Licht durch kleine, mit Bleifassung versehene blinde Fensterchen empfing, der plumpe Backsteinofen, der, wenn er geheizt wurde, die Stubeninsassen ebensogut räucherte, wie das Herdfeuer draußen die Wurst und den Schinken. Statt der Bohlen hatte man zum Herstellen des Fuß=bodens ebenfalls Steine verwendet, und abends schwelte und qualmte im dumpfen Raume eine thrangespeiste Stehlampe. Gerade wie diese alten Kolonate verschwinden, haben die meisten Wendendörfer ihre seltsame Form als solche verloren.

Ortschaften in Hufeisengestalt befinden sich hier und da noch im Kreise Salzwedel, ebenso im hannöverschen Wendenlande. Was aber fast alle die Hunderte von Jahren zählenden Ansiedlungen vor den Gemeindegründungen jüngerer Zeit voraus haben, das sind die herrlichen Wal=bungen. Es giebt noch Eichen von kolossalen Dimensionen in der Altmark, und der Landmann ehrt und schont den ehemals heiligen Baum, als habe sich etwas von dem früheren Heidenkultus auf die Jetztzeit übertragen.

Es war zu Anfange des dritten Dezenniums im sieb=zehnten Jahrhundert. Während in Böhmen und später in der Pfalz der fürchterlichste aller Religionskriege schon seit etlichen Jahren seine blutige Fackel schwang, hatte die abgelegene Altmark nur den Vorgeschmack davon, den Durch=zug von Truppen, kennen gelernt. Bischöfliche Völker von Magdeburg, namentlich aber Dänen, passierten bereits mehrfach das Land. Kurfürst Georg Wilhelm von Bran=denburg glaubte bekanntlich zuerst bei einer mehr passiven Neutralität von den Wirren und Greueln des Krieges verschont zu bleiben. Seine Vorsicht nützte ihm aber nichts; denn es schonten die Kaiserlichen das befreundete Brandenburg in keiner Weise und plünderten und raubten darin toller, als es die Feinde thaten.

Auf einem kleinen Rasenhügel, unmittelbar in der Nähe schattigen Waldes, streckte sich ein hochgewachsener, etwa achtzehnjähriger Bauernbursche, der mit offenbarem Geschick einen daumenstarken Weidenzweig seiner grünen

Schale entledigte. Der Geschäftige drehte den biegsamen Rindestreifen zu einer Art Blaserohr zusammen, das eine Ende spitz hervorziehend. Damit das Gewickel aber nicht wieder auseinander rollte, heftete der Bursche die Windungen in gewissen Zwischenräumen mit den abgebrochenen Dornen einer Wildrose aneinander. Dann schnitt er ein feineres Weidenzweiglein zurecht, klopfte das Stückchen leise mit der Messerschale, zog die gelockerte Rinde vom saftglänzenden Reis und verfertigte aus der kleinen grünen Röhre eines jener Blasinstrumente, das die altmärkischen Buben noch heutzutage herstellen und mit dem sonderbaren Namen „Huphupp" bezeichnen. Dieses letztere schob der Emsige in das große Rohr und begann nun auf seiner Naturschalmei, so gut es eben angehen wollte, militärische Signale zu blasen.

Dicht an den nahen Wald grenzte eine Wiese, die sich in welligen Bodenlinien bis an ein wogendes Kornfeld ausdehnte. Das würzige Futter mußte erst vor kurzem geschnitten und eingefahren sein; denn die Grasnarbe trug noch jenes stumpfe, lichtfarbige Aussehen, das eben abgeernteten Wiesen eigen zu sein pflegt. Die Ackerstücke waren durch derbe Zäune vom Tummelplatz des Viehes abgesperrt, und auch nach der Forstseite zu hielt eine geflochtene Scheidewand die Tiere in dem für sie bestimmten Raume zurück.

Der junge Hirt hatte es nicht bemerkt, daß eins der ihm zur Hut anvertrauten Pferde über den Zaun gesetzt war und sich nun im Kornfelde an den süßen Ähren gütlich that.

Erst als es plötzlich vom Walde her laut: „Jochen! Jochen!" herüberschallte, sprang der Schalmeibläser erschreckt auf und eilte dem gefährdeten Roggenfelde zu.

Schuhe und Strümpfe trug der Bursche nicht. Doch schien ihn dieses auch keineswegs zu genieren. Die nackten Füße durchmaßen im Fluge die stoppelige Weidefläche; federleicht voltigierte der gewandte Mensch über den Zaun und suchte sich dem laut aufwiehernden jungen Thiere vorsichtig zu nähern.

Bis auf wenige Schritte ließ das Pferd seinen Hüter herankommen. Dann aber wandte es sich, übermütig ein paarmal hinten ausschlagend, um und lief am Rande des Feldes in leichtem Trabe davon.

Der Barfüßige stieß ein paar Scheltworte hervor und folgte dem Flüchtling. Doch diesem schien die eigenartige Jagd erst recht zu gefallen. Er wartete ruhig wieder die Herbeikunft seines Herrn ab und sprang dann lustig vor ihm her.

Des Burschen Antlitz färbte sich vor Erregung purpurrot. „Unkluges Geschöpf!" knirschte er und warf mit einem Erdkloß nach dem Tiere. Das Roß hatte schon hier und da Getreide niedergetreten. Wenn es nicht bald eingefangen wurde, richtete es möglicherweise bedeutenden Schaden an.

„Jochen!" erscholl es nun abermals rauh von der Weide herüber. Der Gerufene drehte sich auch einen Augenblick um. Da stand am Zaune ein schon bejahrter Bauersmann, der die Faust drohend gegen ihn ausstreckte.

„Warte, Du Faulpelz!" schalt der Alte in plattdeutscher Sprache. „Glaubst Du, daß ich Dich umsonst füttern soll? — Nicht einmal zum Hüten bist Du zu gebrauchen. Bringst Du das Pferd nicht sofort wieder aus dem Roggenfelde, so werd' ich Dir Beine machen!"

„Der Zaun ist zu niedrig, Vater!" wagte der Bursche sich in demselben Idiom zu verteidigen. „Ich sagte es schon immer, das Flechtwerk müsse wenigstens zwei Fuß höher sein. Nicht das erste Mal ist's, daß eins der Tiere hinübersetzte."

„Dafür hast Du aufzupassen!" wies der näher gekommene Bauer die Ausrede barsch zurück. „Der Zaun hat viele Jahre so genügt, und er bleibt, wie er ist! — Verstanden?"

Der Gescholtene schwieg. Das Pferd war inzwischen in ein Rübenfeld gelaufen und fraß eifrig von den fleischigen Blättern. Jochen aber zog eine lange starke Schnur aus der Tasche, befestigte daran einen etwa eigroßen Stein

und näherte sich wieder, langsam und scheinbar gleich=
gültig, dem übermütigen Durchgänger.

Als das Roß seinen Verfolger von neuem kommen
sah, warf es mutig wiehernd den Kopf in die Höhe und
spitzte die beweglichen Ohren. Der junge Mensch schien
jedoch des Tieres gar nicht zu achten. Er bog seitwärts
ab, als wollte er still vorübergehen. Da griff das Pferd
nun unbesorgt mit dem Maule nach den Rüben hernieder,
riß ein großes Blatt ab und verzehrte es in aller Ge=
mütlichkeit.

Plötzlich sauste der Stein aus des Hirten Hand kurz
über den Kopf des weidenden Tieres hinweg. Das Wurf=
geschoß schnellte um den Hals des erschreckten Gaules,
und trotzdem der Durchgänger einen Versuch zum Ent=
weichen machte, zwang ihn ein kräftiger Ruck der Schnur
auf einen Moment zum Stehen. Diese Spanne Zeit
genügte; denn gleich darauf saß der barfüßige sehnige
Bursche auf dem Rücken des Flüchtlings. Er band ihm
die doppelte Schnur fest um das Maul und lenkte ihn
nun, die Schenkel fest angedrückt, wieder der Weide zu.
Spielend wurde der Rückweg über den Zaun genommen.

„Reiten und Soldatenlieder pfeifen; — weiter kann
er nichts, und zu etwas anderem taugt er auch nicht!"
brummte der Alte, als der junge Roßbändiger auf den
Rasen sprang. „Binde das Thier an einen Baum,"
sprach er dann laut, sich dem langsam nahenden Jüng=
ling zuwendend. „Ich begreife es immer noch nicht, wie
Du hier ruhig faulenzen kannst und siehst es nicht, daß
die Pferde ins Korn gehen!"

„Ich hatte mich nur mal umgedreht!" entschuldigte
sich der Bursche. „So oft ist's doch auch noch nicht
passiert, daß ein Pferd übersetzte!"

„Nicht einmal soll es vorkommen!" polterte der Bauer
strenge. „Im Leben wirst Du auch kein gescheiter Land=
mann. Wäre ich nicht zur rechten Zeit noch auf den Hof
gekommen, die Wirtschaft ginge unter Euren Händen sicher
zurück."

Auf dem Hennigsschen Hofe in Klinke war kein gutes
Verträgnis. Jochens Mutter hatte sich von ihrem Gatten,
der sechzehn Jahre älter war als sie, „des ungleichen
Alters halber" scheiden lassen. Später aber heiratete sie
getrost einen anderen Mann, der nicht viel jünger war.
Zwei Söhne und zwei Töchter entstammten der ersten
Ehe, die zweite blieb kinderlos. Jochen, der älteste, sollte
den Stiefvater in der Hofwirtschaft nach Kräften unter=
stützen; aber die Ökonomie sagte dem lebhaften Jungen
gar nicht zu. Am liebsten tummelte er die Pferde auf
der Weide oder stellte den Nestern der Raubvögel nach.
Einmal waren aus dem Letzlinger Forst mehrere Wölfe
bis in die Gegend von Osterburg gekommen. Die ge=
fräßigen Tiere richteten in den Schafherden der Dörfer
ganz bedeutenden Schaden an, und trotz aller Nachstellungen
vermochte man ihrer nicht Herr zu werden. In der Nähe
von Bismark hatten die Bestien zur Nachtzeit die Pferde
eines reisenden Viehhändlers angefallen und zerrissen.
Nur mit Mühe und Not kam der Eigentümer des Ge=
spannes lebend davon. Die Hirten der Dörfer wagten
gar nicht anders als schwer bewaffnet ihres Dienstes zu
warten, da die ihnen anvertrauten Tiere niemals vor den
Anfällen der Raubtiere sicher waren.

Als Jochen Hennigs eines Abends seine Pferde heim=
bringen wollte, sprang plötzlich ein gewaltiger Wolf aus
dem Gebüsch und suchte sich eines Fohlens zu bemächtigen.
Die Mutterstute hatte aber den Räuber gewittert; denn
sie trieb ihr Junges vor sich her und schlug gewaltig mit
den Hufen aus. Da griff der hungrige Wolf den gerade
neben den Pferden hergehenden, ganz verwundert drein=
schauenden Burschen an. Zu seinem Glück trug dieser
aber eine starke Heugabel auf der Schulter, die er sofort
als Waffe herunternahm. Bevor noch das wilde Tier
von seinem furchtbaren Gebiß Gebrauch machen konnte,
empfing es von seinem kaltblütigen Gegner einen uner=
warteten pfeilschnellen Stoß in die Brust, der dem Kampfe
sofort ein Ende machte. Erst im Dorfe erfuhr der mutige

junge Mann, daß er einen Wolf getötet habe. „Ick heff em för'n dollen Hund hollen!"*) meinte er lachend.

Kurze Zeit darauf stellte ein Herr von Alvensleben aus Bismark eine große Treibjagd auf die Raubtiere an. Viele Schützen waren dazu entboten, und am Abend brachten die Treiber drei Wölfe, zwei Wölfinnen und außerdem neun Füchse auf die Strecke. Jochen Hennigs hatte die Freude, die Jagd als Büchsenträger des adligen Standesherrn mitmachen zu dürfen.

Erleichtert atmeten die Bauersleute auf, als sie die blutdürstigen gefährlichen Plagegeister los waren. Man hörte wenigstens nichts mehr von Einfällen in die Herden. In der Clötzer Forst wurde später wieder ein junger Wolf in der Fallgrube gefangen. Der große, nur schwer zugängliche Wald barg indes stets etliche Exemplare aus der Sippe der Isegrims. Also legte man der Sache weniger Bedeutung bei.

Der altmärkische Landmann huldigt heute noch sehr stark dem Aberglauben. Früher war dieser Wechselbalg des Glaubens geradezu bis zum Lächerlichen vertreten. Jedes Dorf hatte seine Stätte, wo es „umging", und diese wurden zur Nachtzeit sogar von Erwachsenen gemieden. Mußte aber jemand eine solche gefährliche Stelle passieren, so wandte er den Kopf ab und sprach den Bannspruch:

„Lat stan, wat steit,
Lat gan, wat geit,
Un ick gah miner Wege!"**)

In einer recht hellen Mondscheinnacht wurden die Bewohner Klinkes plötzlich durch ein furchtbares Geschrei aus dem Schlafe geweckt. Ein junger Bursche war spät von dem unfernen Brunau zurückgekehrt; er mochte auch wohl ein wenig über den Durst getrunken haben, —

---

*) Ich hab' ihn für einen tollen Hund gehalten.
**) Laß steh'n, was steht, — Laß geh'n, was geht, — Und ich geh' meiner Wege.

kurz, als er an dem Kirchturm vorüberschritt und zufällig nach den Schallöchern hinaufblickte, gewahrte er zu seinem Schrecken dort oben in der Nähe der Glocke ein Untier über die Mauer glotzen. — Wohl an zwölf Männer, Zaunpfähle, Wagenrungen und dergleichen Wehr in der Hand kamen auf die Straße gestürzt, um zu sehen, was es denn nur gebe. „Da seht!" — „Da seht!" ächzte der am ganzen Leibe Zitternde und wies mit der Hand auf den Turm. Wirklich schaute ein gräßliches „Un=beert"*) auf die zagende Schar.

„Was nun thun?" — Endlich ermannte sich ein gerade im Orte anwesender Knochenhauergeselle mit noch ein paar beherzten Bauern, der rätselhaften Erscheinung zu Leibe zu gehen. Ein großer Kienspan wurde angezündet, und hinauf ging's die alten Turmstiegen bis an die Glocke.

„Eine Hyäne ist es!" schrie der Metzger, als er oben angelangt war, und stieß dem lauernden Vieh die Pike in den Bauch. Das Tier schwankte; dann fiel es unter wirrem Gepolter von dem nächtlichen Auslugplatze hinunter. Fast hätte es einen der kühnen Männer mit zu Fall gebracht. Mit Heugabeln und Düngerforken wurde der „Spuk" sofort von den Untenstehenden durchbohrt. Bei näherer Betrachtung stellte es sich aber heraus, daß das ungeheuerliche Geschöpf gar kein lebendes, sondern nur ein mit Heu ausgestopftes war.

„Das ist ja der Wolf, den Jochen Hennigs vor acht Wochen tot gestochen hat!" meinte ein älterer Mann. „Seht nur, das halbe rechte Ohr fehlt. Daran erkenne ich das Tier sofort wieder!"

Auch die anderen überzeugten sich. „Aber wie soll denn die Bestie bloß da oben hinaufgekommen sein?" wurde eine Stimme laut.

Alle schüttelten den Kopf. „Wir wollen dem Jochen mal zu Leibe gehen!" sagte der Schultheiß energisch.

---

*) Untier.

„Es ist doch unerhört, solchen Unfug zu treiben und die Leute zu erschrecken!"

Geräuschvoll zog man auf den Hennigsschen Hof, der am Ende des Dorfes lag. Der Gesuchte ruhte tief im Schlaf und wollte, als ihn sein Stiefvater weckte, von der ganzen Geschichte nichts wissen. Dennoch glaubte aber jeder, der „durchtriebene Schlingel" habe den Streich ausgeübt.

Am nächsten Tage gab's eine böse Strafpredigt, in welche auch die Mutter einstimmte. Jochen sagte zu all den Vorwürfen kein Wort. Nach gewohnter Weise ließ er die Pferde aus dem Stall, schwang sich auf eins der Tiere und trabte vom Hofe fort.

Als sich der junge Reiter außerhalb des Dorfes befand, zog es wie ein verschmitztes Lächeln über sein nicht unschönes Gesicht. Den Kopf hin und her wiegend, pfiff er ein Liedchen und bog in einen Waldweg ein, der bis an die Weide führte.

Die Tiere fingen sofort an zu grasen; ihr Hüter aber ließ sich auf den Boden nieder. Tastend, was es wohl sei, wickelte er sein Frühstück aus einem gerade nicht blendend weißen Linnentuche. Der scheltende Hofherr hatte ihm das Bündelchen mit den derben Worten aufs Pferd gereicht: „Weiter giebt's heut nichts! Speck dazu kannst Du Dir denken! Und läßt Du die Pferde noch einmal in den Roggen laufen, so bekommst Du vierundzwanzig Stunden gar nichts, Du Tagedieb!"

„Trockenes Brot also und Gras, — wenn ich etwas dazu beißen will!" brummte der Bursche und verzog das Gesicht; „als ob ich ein Pferd wäre. Auf solche Fälle muß man vorbereitet sein!" — Nachdem er sich umgeschaut hatte, ob ihn auch niemand belausche, ging der Barfüßige auf ein dichtes Dorngestrüpp zu und langte unter dem Buschwerk ein rohgeflochtenes Körbchen hervor, in dem sich etwa zehn Hühnereier befanden.

Drei davon nahm er heraus, drückte eine dünne lehmige Erdschicht um die weiße Schale und legte die kugelartigen Dinger an ein vorher angezündetes kleines Feuer. Nach Verlauf einer Viertelstunde war die Mahlzeit fertig und der praktische Koch ließ es sich gut schmecken.

„So bleibt's in der Familie!" lachte Jochen, indem er die abgebrochenen harten Lehmstücke samt den Eierschalen zusammenraffte und sie in das Gebüsch warf. „Wenn ich die Eier nicht nahm, hätten sich vielleicht morgen schon die Soldaten darüber hergemacht."

„Sonderbar!" sprach der junge Pferdebändiger weiter und klappte das derbe Taschenmesser zusammen. „Gestern war es nun schon das dritte Mal, daß dort aus dem Walde Rauch emporstieg, — sonst erst gegen Abend, heute am Vormittage. Am Ende befindet sich im Gehege eine zweite Küche wie die meine."

Jochen hatte von durchziehenden Soldaten ein neues Signal gehört. Er holte nun seine Schalmei aus einem feuchten Versteck hervor und übte den ganzen Tag. Um auch eine Abwechselung der Töne ermöglichen zu können, schnitt der anstellige Musikant kleine runde Löcher in sein Instrument, die er mit den Fingerspitzen schloß und wieder öffnete.

Wirklich stimmte die Melodie zuletzt einigermaßen.

So war es Abend geworden. Die Sonne hatte sich hinter den großen Eichen und Buchen verloren. Im Walde herrschte feierliche Stille, kaum unterbrochen vom Geschrei eines verspäteten Raubvogels.

Der Bursche schickte sich zum Heimwege an. Ruhig grasten die Pferde in der Umzäunung. Da sah der Aufmerksame abermals fern im Forst eine Rauchsäule in die Luft steigen.

„Qualmt es nun schon wieder oder noch?" rief der neugierig gewordene junge Mann, sich so viel er konnte in die Höhe reckend. „Die Geschichte geht am Ende doch nicht mit rechten Dingen zu. Ich muß der Sache mal nachspüren."

Noch einen musternden Blick auf seine Tiere richtend

sprang Jochen über den Zaun und ging der blauen Rauchsäule nach. Einen Pfad schlug er nicht ein, aus dem einfachen Grunde, weil keiner da war. Eilig schritt er vorwärts durch Dick und Dünn.

Eine viertelstündige Wanderung brachte den Jüngling an das halb verfallene Gemäuer eines alten Wartturmes. Vorsichtig näherte er sich der Ruine. Hinter einer Steinwand schallten deutlich menschliche Stimmen hervor, und von dort stieg auch der Qualm auf. — Sollten am Ende desertierte Kriegsknechte hier ein Versteck gefunden haben? Oder waren es Wilddiebe, welche von dem öden Turme aus ihre Streifzüge in den Wald unternahmen! So viel lag auf der Hand: die Menschen trieben in ihrem Versteck Dinge, welche sich der Öffentlichkeit entziehen mußten, oder die von aller Welt Abgeschlossenen lagen aus irgend einem Grunde mit der Polizei und dem Gesetze in Konflikt und suchten sich nun hier tief im Walde zu verbergen.

Jochen kroch, weil er befürchtete gesehen zu werden, zuletzt auf allen vieren an das Gemäuer heran. Da stand eine Tanne, deren Zweige bis an den Erdboden reichten. Wenn er sie erstieg, konnte er über die Wand hinweg gerade in das Feuer blicken.

Leise setzte der Bursche den Fuß auf den untersten Zweig. Knarrend bog sich dieser unter der Last. — Doch still! — Auf der anderen Seite wurde laut gelacht. — Das Geräusch war also unbeachtet geblieben. Höher stieg der Kühne. Ein dichtes Nadelgehänge verbarg sein Antlitz. Im Unterholz begann es zu dunkeln. „Meine Pferde!" flüsterte der Lauschende, wie sich selbst vermahnend. „Nur einen Blick, dann schnell nach Haus!"

Fast hätte der Roßhüter einen Ruf des Erstaunens ausgestoßen, als er den kleinen Platz hinter der Mauer übersah. Auf dem Boden brannte ein tüchtiges Feuer, das ein finster aussehender, schwarzbärtiger Mann fortwährend mittels eines Blasebalges anschürte. — Inmitten der Glut stand ein offener derber Kessel; aber nicht

Speise konnte es sein, was sich in dem irdenen Behälter befand; denn feurig rot sah die Masse aus, und als der Bläser mit einem Stab in das Gemisch fuhr, fing das Holz lichterloh zu brennen an.

Ein bedeutend jüngerer Mann schöpfte jetzt mittels eines Löffels ein wenig von dem rauchenden Brei, goß es schnell in eine Art Kugelform und überreichte diese dem dritten Kumpane, der gleich darauf eine glänzende rote Münze in einen Topf fallen ließ.

„Wenn das kein Spuk da unten ist," murmelte der Jüngling auf seinem hohen Stand und steckte den Kopf noch weiter durch das Nadelgezweig, „so machen die Kerle Geld. Da steht schon ein ganzer Topf voll. — Aber still!" —

Einer der Falschmünzer mußte etwas Verdächtiges gehört haben. Scharf blickte er um sich. „Gebt acht, Kameraden! Mir war es, als ob jemand hier sich des Hustens zu erwehren zwang!" sprach er aufhorchend zu den Genossen.

„Unsinn!" brummte der Bärtige. „Wer soll in diese Wildnis kommen? Mach Dich nur daran, die neuen Groschen zu sieden, damit sie fein weiß werden. Morgen will ich ein Schock davon nach Stendal zum Schutzjuden Levi tragen. Der Halunke nimmt sie uns zu halbem Preise ab und bringt das schöne Geld vollgültig unter die Leute."

„Zum Teufel! Man macht uns das Geschäft schon recht sauer!" begann nun auch der junge Mann. „Der Kurfürst hat sogar Edikte gegen das Münzschlagen erlassen. Wir schlagen ja auch die Groschen nicht, sondern gießen sie."

„Das ginge immer noch an!" sagte der Bärtige lebhafter, „wenn nur die dummen Bürger der Städte nicht selbst gegen uns rumorten. In Gardelegen, Salzwedel und Tangermünde haben die Handwerksgesellen, namentlich die Schuhknechte, die Häuser mehrerer unserer Freunde gestürmt. Geht das so fort, dann sind wir unseres Lebens nicht mehr sicher!"

Es war die tolle Zeit der Kipper und Wipper. Wo ein verfallener Turm für Schmiede und Blasebalg fest genug erschien, wo Holz zum Brennen vollauf, da nistete sich eine Bande Münzer ein.

Schließlich ging das Volk den als Kippern bekannten Betrügern zu Leibe. In Salzwedel hatten die Revoltierenden arg gewirtschaftet: Häuser demoliert, Möbel und anderes Gerät zerschlagen, sich sogar zu Handgreiflichkeiten gegen die Schuldigen hinreißen lassen. Der Kurfürst befahl strenge Untersuchung, deren Resultat es war, daß ein junger, stark am Aufstande beteiligter Knochenhauergeselle mit dem Schwerte hingerichtet wurde. — —

Klopfenden Herzens stieg Jochen vorsichtig von seinem Baume herunter und lief, so schnell ihn seine Füße trugen, nach der Weide zurück. Er wußte nur zu gut, daß ihn die drei wüsten Gesellen, falls er entdeckt wäre, auf immer stumm gemacht hätten. Zu Hause gab's natürlich wieder Schelte, weil der Saumselige „sich so lange umhergetrieben".

Die ganze Nacht konnte der arme Bursche vor Aufregung nicht schlafen. Immer wieder schwebte ihm die Scene in der alten Turmruine vor Augen. Wenn all das Geld ihm gehörte, was die Falschmünzer angefertigt, dann war er imstande, sich selbst ein Pferd zu kaufen und damit weit in die Welt hinaus zu reiten, — nach Berlin, wo die schmucken kurfürstlichen Reiter, von denen er schon einmal etliche auf der Landstraße gesehen, in Garnison lagen. Am Ende hätte man ihn auch als Soldaten angenommen. Er verstand sich ja darauf, ein Roß zu bändigen. Hurra, das wäre eine Freude gewesen! — „Aber," rief er laut im Halbschlaf, — „die vielen blanken Groschen waren falsch." — Erst vor kurzem hatte ein fahrender Schüler im Dorfe erzählt, wie hohe Strafe nicht allein auf der Anfertigung minderwertigen Geldes, sondern auch auf dessen Verbreitung ruhe. In Seehausen wollten zwei wandernde Mühlenknappen zu leichte Münzen für gutes Geld ausgeben.

Sie wurden aber bei ihrem Vorhaben abgefaßt, ins Gefängnis geworfen und, nachdem sie ein Dutzend Stockprügel bekommen, von den Stadtknechten über die Gemarkungsgrenze gebracht.

Und wenn der Schwärmende wirklich in die Ferne zog, — was würde Nachbars Grete, seine beste Freundin, dazu sagen? Das Mädchen wäre gewiß recht traurig geworden! — Die beiden waren zusammen aufgewachsen und spielten als Kinder fast immer mit einander. Nun sie die Schule verlassen, hatte es ja mit dem Spielen aufgehört; aber Jochen konnte nicht ruhen und rasten, ohne das liebe Wesen wenigstens tags einmal gesprochen zu haben. „Das wird sicher noch ein Paar!" sprachen die Leute im Dorfe, und die Unzertrennlichen lachten über solchen „Schnack", den sie oft selbst mit anhören mußten. Gut waren sie einander. Daß sich nach und nach die Liebe daraus entspann, ahnten sie gar nicht. Ist's doch heutzutage noch ein seltsam Ding mit der gegenseitigen Zuneigung junger Brautleute auf dem platten Lande der Altmark. Hab und Gut gelten mehr als die Liebe, und selbst auf seinen Stand hält der Bauersmann. Es würde einem reichen Hofbesitzer nicht im Traum einfallen, eine seiner armen Mägde zu heiraten, und wenn sie auch noch so schön und die unermüdlichste Hauswirtin wäre. Wenigstens gehören solche Fälle zu den größten Seltenheiten.

Jochen erwachte und sah sich prüfend in seinem Kämmerchen um. Er hatte doch eben noch den reichen Schatz gesehen, und nun war das blanke Geld verschwunden. — Schwach dämmerte der Morgen im Osten herauf; aber überall herrschte noch tiefe Stille.

Der erregte junge Mann vermochte nicht wieder einzuschlafen. Eine Weile noch sah er grübelnd zur kalkgetünchten Decke hinauf. Dann sprang er aus dem Bett und fuhr in die grob gewebten Kleider.

Hinaus auf die Dorfstraße trieb es den Ruhelosen. Vielleicht traf er dort jemand, den er um Rat fragen

konnte. Dem Stiefvater wagte der Bursch gar nichts
von seiner Entdeckung zu sagen. Der hätte ihn am Ende
noch ausgescholten, weil er die Pferde eine halbe Stunde
verließ. Wenn er nach Bismark eilte und der Obrigkeit
von der heimlichen Werkstätte im Walde Kenntnis gab?
Aber die Herren des Rats hätten ihm am Ende gar
nicht geglaubt und ihn womöglich obenein verlacht.

Er trat in den Hof zurück. Da im Winkel zwischen
Eggen und anderem Ackergerät lag der Wolfsbalg. Die
Bauern hatten das Vieh dorthin geworfen. „Du sollst
mir beistehen, toter Jsegrim!" rief plötzlich der junge
Roßbändiger und holte das ausgestopfte Tier hervor.
Dann schleppte er es durch eine Seitenthür nach dem
Wischhofe hinaus und warf es in ein Fliedergebüsch, an
dem er auf dem Wege nach der Weide vorüber mußte.

„Lorenz, Du künnst woll noamiddag en bitschen be
Peer mit höben!"*) sagte Jochen zu seinem Bruder, als
er in gewohnter Weise auf die Weide ritt.

„Dat will ick woll dohn!" antwortete dieser treuherzig. „Du dörfst öber während de Tied keen Narrenspossen drieben!"**)

„J, wo kannst Du denn man so wat denken, Lorenz!"
versetzte begütigend der Sausewind. „Achter de Eckböm
weet ick 'n Uhlennest, da will ick de Jungen raffhoalen,
un de verköpen 'w noher an Försters in Bismark. De
bruken jüm to ehr Kreienhütt!"***) —

Lorenz nickte Beifall. Am Mittag trug er seinem
Bruder das Essen auf die Weide und blieb gleich draußen.
Als es bald nachher zu regnen anfing, kroch der jüngere

---

*) Lorenz, Du könntest wohl nachmittag ein bißchen die
Pferde mit hüten!

**) Das will ich wohl thun! — Du darfst aber während
dieser Zeit keine Narrenspossen treiben!

***) J, wie kannst Du denn nur so etwas denken, Lorenz.
Hinter den Eichbäumen weiß ich ein Eulennest; da will ich die
Jungen herunterholen, und die verkaufen wir nachher an Försters
in Bismark. Die brauchen sie zu ihrer Krähenhütte.

der Burschen in eine von Tannenzweigen hergestellte kleine Hütte, und Jochen begab sich in den Wald.

Das Wetter wurde immer unfreundlicher. Zum Regen hatte sich noch Sturm gesellt, der schauerlich durch die Wipfel der Bäume pfiff.

Eine Stunde früher denn sonst brach die Dunkelheit herein. Die Tiere des Waldes hatten Schlupfwinkel aufgesucht; vereinzelt fuhr ein Vogel erschreckt vom Neste empor, oder ein Reh pfiff furchtsam im unfernen Dickicht.

Von der alten Turmruine herab schrie jetzt eine Eule, und in den halb zerfallenen Mauernischen fing sich, schauerlich heulend, der Wind.

„So ein Wetterchen können wir gebrauchen!" sagte, leise in die Hände klatschend, der eine der drei unheimlichen Gesellen, die wir vor kurzem als eifrige Falschmünzer kennen gelernt. Soeben waren sie aus dem Walde gekommen und schickten sich an, die alt gewohnte Stätte wieder einzunehmen. Der Schwarze hatte ein großes Linnenlaken an die Mauer genagelt und dasselbe dachförmig über einen Teil der Werkstatt gezogen.

„Jetzt regnet uns wenigstens das Feuer nicht aus!" meinte der Thätige und brannte nun ein paar harzige Wurzeln an.

Bald waren die Gesetzesverächter wieder tüchtig beim Münzengießen.

„Heut wollen wir das dritte Schock voll machen!" erklärte der jüngste der Nachtvögel, „und dann die Groschen schleunigst umsetzen. — Ich weiß es nicht, mir ist's immer, als ob man uns unverhofft an den Kragen käme."

„Es sind schon wieder Dragoner von Berlin aus in die Städte geschickt!" nahm nun der dritte das Wort. „Sie sollen die Stadtbüttel unterstützen, damit man endlich unser Freigewerbe unterdrücke!"

„Da sprechen wir noch ein Wort mit!" brummte der Schwarze im tiefen Baß. „So leicht geben wir uns nicht! — Doch hörtet ihr nicht eben Schritte?"

„Schritte?" wiederholten die beiden anderen.

„Es kann auch ein Hirsch auf dem Wechsel gewesen sein," beruhigte sich der Lauschende selbst. „Im übrigen ist's hier aber doch ein schauerlicher Ort!"

„Es giebt Leute," sprach der Jüngste, „die wollen hier Nachts in der Ruine ein weiß verschleiertes Frauenzimmer gesehen haben, das still auf einem der Trümmerreste sitzt und goldenen Flachs spinnt."

„Gewiß ein verwunschenes Ritterfräulein!" lachte der Bärtige. „Vielleicht wird uns auch einmal das Glück zu teil, ihr holdes Antlitz zu schauen. Kerls, wenn sie hübsch ist, nehme ich sie zum Weibe. Das Junggesellenleben habe ich längst satt."

„Spotte nicht!" warnte der Dritte. „Solche nächtliche Spukgestalten pflegen nicht mit sich spaßen zu lassen."

In demselben Augenblick fiel ein faustgroßer Stein mitten zwischen die unheimlichen Gesellen.

Alle drei sprangen entsetzt in die Höhe.

„Das kommt von solch dummem Schnack!" ermannte sich zuerst der blutjunge Falschmünzer wieder. „Wie leicht konnte dieser Stein einen von uns treffen. Und saht Ihr jemand, der ihn geworfen hat?"

Der Bärtige antwortete gar nicht. Dann meinte er kleinlaut: „Der Brocken wird vom Sturme herunter gerissen sein."

Zur Eule da oben im Turm hatte sich eine zweite gesellt, die ebenfalls anfing entsetzlich zu schreien. Dabei goß der Regen in Strömen herab. In den Bäumen knarrte und ächzte es, als ob die wild bewegten Zweige stöhnten. Ein dicker Tannenast war soeben auf das Linnendach der Münzwerkstatt geschlagen und hatte die flatternde Decke auf den Boden niedergerissen.

„Mir wird sonst so leicht nicht bang!" sagte der Schwarze und rückte näher an seinen Nachbar heran; „aber heut scheint der Teufel im Forst sein Spiel zu treiben."

„Wir wollen sehen unter Dach und Fach zu kommen!"

meinte der andere. „Das hält hier ja kein Mensch aus, und ich bin naß wie eine Katze!"

„Ich nicht minder!" brummte Nummer drei.

„Geheuer ist's auch in diesem Neste nicht!" rief der Vorredner, sich schüttelnd. „Am Tage geht ja alles natürlich zu; doch des Nachts? — Ich mag gar nichts davon wissen!"

Mit einem Male rasselte und prasselte es in den über die Mauer ragenden Tannenzweigen, als fahre der leibhaftige Gottseibeiuns am Stamme herunter. Breit that sich das Nadelgewirr auseinander, und ein vierfüßiges Ungeheuer, das sich auf den Nächsten stürzen zu wollen schien, sauste mitten zwischen die zu Tode Erschreckten.

Laut schrieen die drei Falschmünzer auf und stürzten, alles im Stich lassend, über Hals und Kopf dem nahen Walde zu. Obwohl die Abergläubischen gegen Bäume und Sträucher rannten und sogar mehrere Male auf das Gesicht fielen, eilten sie angstvoll vorwärts, um nur aus dem Bereich der unheimlichen Stätte zu kommen.

Vom Baum rutschte jetzt bedächtig eine Gestalt herab, die laut auflachend an das Feuer herantrat. Jochen, triefend von Nässe, übersah nicht ohne eine gewisse Scheu die hier mühelos gemachte Beute. Das bereits wieder erkaltete Kupfer, die Gießform und die fertigen Münzen steckte er, nachdem er alles genau untersucht, in einen auf dem Rasen liegenden Sack, stieß das Feuer mit einem Knüttel auseinander und verließ, die Last über die Schulter werfend, den wenig anheimelnden Ort. — Als der kühne Bursche auf der Weide anlangte, war Lorenz längst mit den Pferden heimgeritten. Man hatte indes auf dem väterlichen Hofe die Abwesenheit des Nachtwandlers gar nicht bemerkt. Ungesehen schlich der Durchnäßte in das Haus und tappte in seine Schlafkammer. Hier warf er den Sack auf den Boden, entkleidete sich und kroch fröstelnd in das behagliche trockene Bett. An das Abendessen dachte er in seiner Erregung gar nicht.

Am andern Morgen packte Jochen vor den erstaunten Eltern den tags vorher gemachten sonderbaren Fang aus. Der Stiefvater empfand nicht übel Lust, das Geld an sich zu nehmen, um es in den Verkehr zu bringen. „Die Münzen sind ja schön!" sagte er schmunzelnd und ließ eine Hand voll davon durch die Finger gleiten.

„Falsch sind sie samt und sonders!" warf Jochen trocken ein, „und wer sie ausgiebt, kommt in den Brummturm. — Das Beste wird sein, ich trage die ganze Beute nach Bismark und liefere sie der dortigen Obrigkeit aus."

Der alte Bauersmann wagte nichts gegen diesen Vorschlag einzuwenden; denn mit der Obrigkeit hatte er nicht gern etwas zu thun. Sein Stiefsohn machte sich am kommenden Tag auf den Weg und wanderte, eine Karre nachziehend, wohlgemut dem kleinen Flecken zu. Gegen 4 Uhr nachmittags langte er dort an.

Zwei Tage blieb Jochen in Bismark, und als er heimkehrte, sah er schmucker und netter aus denn je. Der Magistrat hatte dem mutigen Burschen zur Belohnung einen ganz neuen Anzug und schöne Schuhe mit silbernen Schnallen geschenkt, wie sie damals nur die vornehmen Leute trugen. Das gab nun wieder ein großes Gerede in Klinke: der „unverbesserliche Windbeutel" stolzierte jetzt des Sonntags gar wie ein Städter umher, obwohl er noch vor etlichen Tagen barfuß gelaufen war.

„Was Gescheites wird doch aus dem nicht!" meinte der Dorfkantor. „Hennigs hat ja keine Lust zu einer stetigen Arbeit, und alle Naselang übt er dumme Streiche aus!"

Der alte Jungensbändiger hatte ja auch eigentlich so unrecht nicht. — —

So verstrichen etliche Jahre. Jetzt sollte die Altmark ebenfalls die Greuel des Krieges in vollem Maße kennen lernen. König Christian von Dänemark, der erwählte Hort der Protestanten, hatte zahlreiche Truppen ausmarschieren lassen, um dem Vordrängen der Kaiser=

lichen Halt zu gebieten. Es kümmerte ihn gar wenig, daß Kurfürst Georg neutral bleiben wollte. Die Dänen bemächtigten sich ohne Besinnen der festen Plätze in der Altmark, damit dies folgerecht der Feind nicht thun könne. General Fuchs hatte die Stadt Tangermünde, ohne viel zu fragen, „genommen", und die Bürger hüteten sich wohl, hartnäckigen Widerstand zu leisten. Trotz der ausdrücklich erklärten Neutralität hausten die Soldaten bös in dem Elbstädtchen: sie warfen ihren Quartiergebern Speisen aus Übermut an den Kopf und verübten allerlei greuliche Dinge.

Der allgewaltige Fürst Schwarzenberg, Georgs Minister, wußte jedes Bündnis, das der Kurfürst wohl mit den Glaubensgenossen hätte schließen mögen, zu hintertreiben. Hatte er doch seinen Fürsten und Herrn derart zu beeinflussen gewußt, daß dieser die verzweifelten Worte sprach: „Ich sehe nichts anders, ich werde mich zum Kaiser schlagen müssen; — ich habe nur einen Sohn: bleibt Ferdinand Kaiser, so bleibe ich und mein Sohn wohl Kurfürst, wenn ich mich zum Kaiser wende. Was geht mich die gemeine Sache an, wenn ich alle meine Ehre, Reputation und zeitliche Wohlfahrt verlieren soll!" —

Da geschah es, daß König Christian vom General Tilly bei Lutter am Barenberge geschlagen wurde. Jetzt ergossen sich aber in das Stammland des brandenburgischen Reiches die wilden Scharen des Generals Pappenheim. Dieser Ehrenheld huldigte bekanntlich dem scheußlichen Grundsatze, alle Gegenden, die er mit seinen Soldatenhorden durchzog, zu verwüsten, damit der Gegner sich später darin nicht halten könne.

Georg Wilhelm hatte die bayerische Kurwürde nicht anerkennen wollen; deshalb behandelte ihn Wallenstein als Feind des Kaisers.

Unsäglich war das Elend und der Jammer, welche der gräßliche Krieg über die sonst so friedfertig=stille Altmark gebracht. Als der schreckliche Haber im Frieden zu Münster sein Ende fand, lagen viele Ortschaften verlassen und verödet. Über Stendal sagt ein Bericht: „Zwar hatte die Stadt keine Beschießung erlitten, war niemals mit Sturm genommen, niemals durch eine Generalplünderung heimgesucht worden, — trotzdem stand der größere Teil derselben verlassen; der Wohlstand und die ehemalige Bedeutung waren vernichtet!" — „Die Bürgerschaft Salzwedels ging aus dem dreißigjährigen Kriege verarmt hervor. Auf der dortigen Neustadt waren von 432 Feuerstellen nur noch 287 bewohnt." — „Osterburg wurde zweimal von den religiösen Befreiern Deutschlands, den Schweden, derart geplündert, daß sechzehn Wochen lang kein Bürger in der Stadt bleiben konnte." — „Nach Osterburg hat Gardelegen im dreißigjährigen Kriege von allen altmärkischen Städten am meisten gelitten. 1567 zählte es 478 Wohnhäuser, nach dem Friedensschluß nur noch 151." — Viele der damals zerstörten Dörfer sind gar nicht wieder aufgebaut.

Das Dörfchen Klinke hatte bald nach der Ankunft des Pappenheimschen Heeres das sehr bedenkliche Vergnügen, Holksche Reiter auf mehrere Wochen in Quartier nehmen zu müssen. Ingrimmig sah Jochen Hennigs es mit an, wie die Halbbarbaren auf dem Hofe seines Stiefvaters tobten und wirtschafteten. Schon während der ersten Woche waren sämtliche Hühner von den Soldaten getötet und verzehrt. Gänse und Enten gab's bald im ganzen Ort nicht mehr. Wenn die Hofbesitzer gutwillig nichts hergeben wollten, wurden sie geprügelt und gepeinigt; aber die Mädchen und Frauen hielten sich auf den Böden unter Heuhaufen versteckt, um vor den entmenschten Kriegsknechten Ruhe zu haben.

Endlich zogen die Plagegeister ab. Damit man sie in gutem Andenken behalte, plünderten sie das Dorf zuguterletzt gründlich aus. Einer der kaiserlichen Reiter war auch in Jochens Schlafkammer gedrungen und begehrte drohend Geld oder sonst etwas an Wert.

„Ich besitze selber nichts!" antwortete der hochgewachsene

Bursche gereizt. „Jetzt mach', daß Du hinauskommst, Du
Strauchdieb!"

„Nix geben, deutsches Hund?" schrie der Soldat und
griff an seinen Pallasch. „Dann sollen dieser suchen!"
Er zog den Säbel heraus und hieb damit auf das
im Winkel stehende Bett los, daß die Federn umherflogen.

Das wurde dem rechtmäßigen Kammerbewohner denn
doch zu bunt. Er packte den betrunkenen Reiter mit
derber Faust in das Genick, entriß ihm die Wehr und
warf ihn durch die offenstehende Thür die steile Treppe
hinunter.

Wie tot blieb der Kroat auf der Diele liegen. Jochen
besann sich indessen nicht lange. Er nahm den Bewußt=
losen auf den Rücken, trug ihn schleunigst nach dem Wisch=
hof hinaus und legte ihn dort auf den Rasen. Den Säbel
drückte er dem wüsten Kriegsknechte in die Faust.

Als der kräftige Bursche am Nachmittage nicht ganz
ohne Besorgnis nach seinem Gaste sehen wollte, fand er
die Stätte leer. Jedenfalls hatte sich der Soldat er-
nüchtert, und da er wohl nicht wußte, wie er in das
Haus gekommen, war er seiner Wege gegangen. Auf den
Hennigsschen Hof wenigstens kam er nicht wieder.

Nur kurze Zeit blieb das Dorf von weiterer Ein-
quartierung verschont. Pappenheim hatte sich in Gardelegen häuslich eingerichtet und sogar seine Gattin dahin
kommen lassen. Klinke wurde nun mit Hakenschützen belegt, die ganz nach dem alten Muster hausten. Um dem
im Orte manchmal zu Tage tretenden Mangel an Lebens=
mitteln abzuhelfen, plünderten die lästigen Blutsauger die
Umgegend, woran die Garnison von Bismark nach Kräften
teilnahm. Als später die Truppen zur Berennung Magde-
burgs nach Wolmirstedt und Neuhaldensleben marschierten,
raubten sie auch das kleine Bismark derart aus, daß die
armen Bewohner Hunger leiden mußten; die Kriegssteuer
aber, welche die altmärkischen Dörfer und Städte an das
Hauptquartier in Gardelegen zahlen mußten, war kaum
zu erschwingen. Vierhundert Thaler beanspruchte Pappen-

heim wöchentlich allein zur Bestreitung seiner Tafelfreuden. Ursprünglich hatte er das Doppelte verlangt. Die Not in der Altmark überstieg bald alle Grenzen. Die Existenz einzelner Städte, z. B. Werbens, Kalbes u. s. w. stand geradezu auf dem Spiel. Bittend kam Georg Wilhelm beim General Tilly um Schonung seiner Lande ein. Wohl in einer augenblicklichen Anwandlung von Mitleid versprach der Feldherr Abhilfe. Er wandte sich deshalb sogar an den Kaiser Ferdinand in Wien. Dieser erließ denn auch eine darauf hinzielende Ordre an den Generalissimus von Wallenstein. Indessen fiel es diesem gar nicht ein zu gehorchen. Hohnlachend meinte er nur, alle Fürsten seien bereits Bettler, bis auf den Kurfürsten von Sachsen, der es auch noch werden solle.

Allmählich gewöhnten sich die gedrangsalten Leute sogar an das Elend; die Not hatte sie stumpf gemacht. Zu den Greueln des Krieges gesellte sich die schreckliche Pest, die Tausende von Menschen wegraffte. Wer mit den Seinen das Land verlassen konnte, der that es. „Wie mit Schaufeln sind die Menschen aus der Gegend geworfen!" berichtete ein Chronist damaliger Zeit.

Etwas anders hatte sich Jochen Hennigs das Soldatenleben doch gedacht. Nach dem, was er bisher davon gesehen und gehört, schien ihm ein Kriegsknecht nicht viel besser als ein Räuber zu sein. Sein Menschlichkeitsgefühl empörte sich oft über das Barbarentum der Feinde wie der Freunde. — Und doch sollte der stattliche junge Mann trotz des wach gewordenen Widerwillens selber bald ein Kriegsmann werden.

Ein nicht unvermögender Bauernsohn im Dorfe hatte bei den Eltern seiner Grete einen Heiratsantrag gemacht. Ein solch Ereignis schien dem armen Jochen geradezu unmöglich. Konnte er auch noch nicht ernsthaft an eine eheliche Verbindung mit der Jugendgenossin denken, so glaubte er doch, es müsse das Verhältnis zwischen ihm und dem geliebten Mädchen so lange fortbestehen, bis die Verhältnisse den Schritt zum Altare gestatteten.

Hierin hatte sich der arme Bursche aber sehr ver=
rechnet. Es kam zu allerlei Erörterungen. Gretens Eltern
wollten wissen, wann der Hof an Hennigs abgetreten werde.
Der Stiefvater erklärte hierauf, daß an eine Übergabe der
Wirtschaft an den Ältesten einstweilen nicht zu denken sei;
er halte es sogar für ersprießlicher, wenn Lorenz, der
Jüngere, das Gewese bekomme. Der nach altem Brauch
Erbberechtigte sei zu leichtfertig und windig.

Grete setzte freilich einer Verbindung mit dem neuen
Freier hartnäckigen Widerstand entgegen. Doch was half
das alles? — Tag für Tag drangen die Eltern energisch
auf sie ein, den Thunichtgut laufen zu lassen und die
Partie mit Meiers Fritz nicht auszuschlagen. Schließlich
gab die arme Gequälte nach, und im Dorfe wurde die
schon viel besprochene Verlobung von Hof zu Hof kund=
gethan.

Jochen vernahm die Hiobspost scheinbar gefaßt und
ruhig, obwohl die helle Verzweiflung in seinem Innern
tobte. Kurz vorher noch hatte er mit Grete eine lange
Unterredung gehabt. Das Mädchen war wankelmütig
geworden; aus ihrem ganzen Benehmen und Gerede ging
dies deutlich hervor.

Schließlich sagte er bitter:

„Grete, ick will Dien Glück nich stören! Ick gäw Di
Dien Wort torügg, wenn mi ook dat Hart dabi weh
deiht!"*)

„Jochen, si nich bös up mi!" antwortete die Freundin
weich, und Thränen traten ihr in die Augen. „Voader
und Mudder willn t' nich anders: ick sall von Di loaten;
un aß'n gehorsame Dochter dörf ick nich ‚Nä' seggen!"**)

Da war es aber mit der lang bewährten Fassung
der Betrübten zu Ende. Schluchzen unterdrückte ihre

---

*) Grete, ich will Dein Glück nicht stören! Ich gebe Dir
Dein Wort zurück, wenn mir auch das Herz dabei weh thut.
**) Jochen, sei nicht böse auf mich! — Vater und Mutter
wollen's nicht anders: ich soll von Dir lassen, und als eine ge=
horsame Tochter darf ich nicht „nein" sagen!

Stimme. Beide Hände hatte sie dem geliebten Jugendgenossen gereicht. Und auch dem armen Verlassenen wurden jetzt die Augen feucht. „So lew' denn woll!"*) preßte er schmerzlich hervor. Noch ein langer, langer thränenumflorter Blick, — dann stürmte der Verzweifelnde davon.

Tags darauf war Jochen Hennigs aus dem Dorfe verschwunden.

II.

Die schöne Elbfeste, das handelsberühmte Magdeburg, war gefallen. Groß und herrlich hatte sie dagestanden unter den Städten des deutschen Reiches, und weit über die Grenzen desselben hinaus war der Ruhm ihres Namens erklungen. Die Nachricht von dem fürchterlichen Untergange der Stadt durchflog mit Blitzesschnelle die vaterländischen Gauen. Von dem größten Teile der Kaiserlich Gesinnten wurde sie mit Jubel und Frohlocken begrüßt, von anderen mit Trauer und Entsetzen vernommen. Pappenheim, der die Ehre, Magdeburg erobert zu haben, um keine Million Gulden hingeben zu wollen versicherte, schrieb nach Wien, „daß seit der Zerstörung Trojas und Jerusalems keine solche Viktoria sei gesehen worden."

Gustav Adolf hatte bitterliche Thränen geweint, weil er sein gegebenes Wort, Magdeburg zu befreien, nicht zu lösen imstande gewesen war. Ein Schrei des Entsetzens ging durch die Lande, als später gedruckte Flugschriften von dem Vandalismus in der Elbstadt Bericht erstatteten. Ein solches Blatt giebt die Zahl der erschlagenen und im Feuer umgekommenen Bürger, Soldaten, Weiber und Kinder auf 24000 an. „Sie wurden meistens" — so sagt die Relation — „in die Elbe geworfen. Durch den Strudel am ‚Wasserthor' schwammen die Toten daselbst lange im Strome umher; teilweise erhoben sich die Arme bei den Bewegungen zum Himmel, was einen grausigen Anblick gewährt haben soll. Bei der Neustadt stauten sich

---

*) So leb' denn wohl!

die toten Körper dermaßen, daß sie gleichsam einen Damm bildeten, welcher den Fluß in seinem Lauf hemmte."

Inzwischen hatte der König von Schweden aber seinen Schwager, den Kurfürsten von Brandenburg, bei einer Zusammenkunft in Köpenik zu einem Bündnisse zu bewegen gewußt. Anderthalb Jahre später besiegelte der Schwedenkönig seine Treue bei Lützen bekanntlich mit dem Tode. Dem Feinde hatte die blutige Schlacht den General Pappenheim gekostet.

Nicht viel später fand, wie der Leser weiß, Wallenstein in Eger ein wenig ruhmvolles Ende. Im September desselben Jahres schlugen 35 000 Kaiserliche bei Nördlingen die nur aus 23 000 Mann bestehende schwedische Armee. Im Frieden von Prag aber — 1635 — trat der arg bedrängte Kurfürst von Brandenburg wieder auf die Seite der Kaiserlichen über und willigte sogar in die Bestrafung mehrerer Reichsstädte ein. Zu den später gereisten Hauptfrüchten des Prager Friedens gehörte die Beteiligung Frankreichs am Kriege.

Auf Schwarzenbergs Anlaß mußten die brandenburgischen Soldaten jetzt doppelt Treue geloben; einmal ihrem angestammten Landesherrn durch Handschlag und sodann dem Kaiser durch den Eid. Das gab böse Folgen. Im Heere herrschten nun auch bald zwei Parteien: einzelne Regimenter waren gut brandenburgisch gesinnt, andere jedoch durchaus nicht.

Für die arme Altmark kamen nach kurzer Ruhe wieder Zeiten des größten Elends und der furchtbarsten Not: die Jahre 1636—1639, in welchen Kaiserliche, Sachsen und Schweden und leider auch, wie es die damalige rohe Zeit mit sich brachte, Brandenburger plünderten, raubten und mordeten. Die Schweden hatten bei Wittstock einen entscheidenden Sieg errungen. Sie überschwemmten — so sagt die Geschichte — darauf Sachsen; denn die Herzöge von Mecklenburg und Pommern, Sachsen-Weimar, Braunschweig-Lüneburg, Brandenburg, die Städte Erfurt, Lübeck, Hamburg und Bremen waren in ihrer

Bedrängnis dem Prager Frieden beigetreten. Berichte von dem Elend jener Zeit sind in den Chroniken der einzelnen Städte aufbewahrt. Die Schweden rächten sich wahrhaft fürchterlich. Niemand bebaute das Feld, aus Mangel an Saatkorn, Zugvieh und Menschenhänden. Die Dörfer standen leer, weil alles in die Städte flüchtete und teilweise Soldatendienst nahm, als die einzige Hantierung, die doch Unterhalt gewährte. Alle Zufuhr stockte, weil in mancher kleinen Stadt kein einziges Pferd zu finden war. Aas vom Schindanger, gefallenes Vieh, Ratten und Mäuse wurden dann Leckerbissen. Viele Menschen fand man tot auf Düngerhaufen, auf denen die Armen wenige Stunden vor ihrem Hungertode noch ihre letzte Nahrung gesucht hatten. Wenn es zuweilen geglückt war, eine Fuhre Getreide aus der Ferne in einen solchen Ort einzuführen, so wurden die Bäckerhäuser dergestalt umdrängt, daß viele erstickten, und das frische Brot kam doch nur den wenigen zugute, die noch Geld hatten. Seuchen brachen aus, die Hunderte von Menschen hinwegrafften. An vielen Orten war das Sterben so groß, daß die Leichname haufenweise, wie auf dem Schlachtfelde, in die Gruben geworfen werden mußten.

Die Überlieferung hat übrigens ebenfalls noch vieles aus jener Schreckenszeit bis auf den heutigen Tag im Volksmunde erhalten. In manchen Dörfern des Kreises Salzwedel flohen die Bauern bei Annäherung der Schweden in undurchdringliches Gehölz; ihren Kühen und Kälbern legten sie Maulkörbe an, um den Tieren das Blöken zu verwehren. Im Frühjahr suchten Weiber und Kinder die Blütenkätzchen von Haselbüschen und Weiden und kochten Suppe davon. Bei Tangermünde sollen die Schweden sogar einen Landmann erschlagen und dessen Fleisch gegessen haben. So behauptet die Sage noch heute, und einige Geschichtsschreiber deuten auf Ähnliches hin.

Durch die große Schanze, welche bei Werben errichtet war, hat dieses kleine altmärkische Städtchen während des ganzen großen Krieges ebenfalls über alle Maßen leiden müssen. Bald war das feste Bollwerk, das den Elbübergang beherrschte, in schwedischem, bald in kaiserlichem Besitz. Es wäre wohl eine schwer zu lösende Frage, welche Truppen da eigentlich am fürchterlichsten gehaust haben; disciplinlos dem Bürger- und Bauernstand gegenüber waren sie samt und sonders.

Georg Wilhelm hatte Pommern, dessen Herzog Bogislaw 1637 starb, in Besitz nehmen wollen; aber der Feldzug scheiterte kläglich. Die Truppen waren, ohne das Geringste erzielt zu haben, zurückgekehrt und erhöhten gerade nicht die Annehmlichkeiten des Bürgerlebens.

Dennoch zeichneten sich einige brandenburgische Reiterscharen im sogenannten kleinen Krieg durch ihre kühnen Streifereien zum größten Ärger der ihnen feindlich gegenüberstehenden Schweden aus. Alle Augenblicke hatten die „Blauen" dem Feinde einen Streich gespielt und ihnen etwas abgenommen.

Der schwedische General Banner belagerte die Werbener Schanze, nachdem er die Kaiserlichen in mehreren Treffen gehörig aufs Haupt geschlagen. Aber bald machte sich, wie das um jene Zeit nichts Außergewöhnliches war, in seinem Lager Mangel an Brot und Fleisch fühlbar; denn die Gegend selbst war meilenweit ausgeplündert und arm, die Wege zudem in so traurigem Zustande, daß eine Zufuhr der Nahrungsmittel aus weiter Ferne nur langsam von statten ging.

Von Hamburg wurden verschiedene Fuhren Roggen erwartet, und Vieh hatte ein dortiger Händler zu liefern übernommen. Natürlich konnte das Korn nur unter militärischem Schutze befördert werden. Fünfzig schwedische Reiter begleiteten den aus zwölf Wagen bestehenden Zug.

Bis Seehausen war die Proviantkolonne ungefährdet gekommen. Es mochte um sieben Uhr abends sein, und schon begann es zu dämmern. Langsam polterten die schweren Wagen auf dem unebenen Wege dahin. Die Eskorte plauderte und lachte. Am folgenden Morgen hoffte man im Lager einzutreffen.

Plötzlich mußte das vorderste Gespann halten, und im Nu blieben auch alle übrigen stehen. Der Wind oder Menschenhand hatte eine mächtige Tanne quer über den Weg geworfen.

Auf Kommando saßen die Kavalleristen ab, um das Hindernis zu beseitigen. Kaum aber hatten sie sich an den Baum gemacht, da sprengten unter Hurraruf brandenburgische Reiter aus einem Waldversteck auf die Unvorbereiteten los und hieben alles, was sich ihnen in den Weg stellte, nieder.

Es währte kaum eine Viertelstunde, so war der Proviantzug in den Händen der Kurfürstlichen. Die Wagen wurden nun nach Seehausen zurück und nicht nach Werben gefahren. Wer von der Eskorte nicht gefallen war, floh eiligst in den dichten Wald.

„Eigentlich that's mir leid, den Schweden so mitspielen zu müssen!" sagte ein stattlicher brandenburgischer Offizier, der kein anderer war als unser Freund Jochen Hennigs, zu dem neben ihm reitenden Lieutenant, als der Zug mühsam Kehrt gemacht. „Aber was ist heutzutage Recht oder Unrecht? Wir Soldaten müssen ja gehorchen."

„So lange der Einfluß Schwarzenbergs bei Hofe gilt, bleibt's sicher, wie es ist!" sprach der andere und klopfte lose den Hals seines schönen Pferdes.

„Leider!" seufzte Hennigs. „Kommt aber unser Kurprinz erst zur Regierung, so wird's zweifellos anders."

„Du kennst ja den fürstlichen Jüngling näher," meinte der andere.

„Wie sollte ich es nicht? Ich hatte, wie Du weißt, die Ehre ihn nach Holland begleiten zu dürfen. Ihr wart damals etwas neidisch auf mich, Strauß, namentlich Schulenburg, der fest darauf gerechnet hatte, als Reisebegleiter gewählt zu werden."

„Neidisch nun gerade nicht. Man wunderte sich im Regiment nur allgemein, daß — daß — —"

„Daß ein ehemaliger Bauernjunge zu solch wichtigem Posten mit auserlesen wurde!" platzte Hennigs dazwischen.

„Ja, ich schäme mich meiner Herkunft keineswegs, mein lieber Kamerad," fuhr der schmucke Offizier, sich stramm im Sattel aufrichtend, fort, „und ich preise den Zufall, der mich gerade in das Regiment Görzke führte."

„Es war nicht bös gemeint!" sagte Strauß und reichte dem aufwallenden Kameraden die Hand. „Die Altmark ist ja wohl Deine engere Heimat? — Schulenburg erzählt, Du habest sogar noch Eltern."

„Das weiß ich nicht!" erwiderte Hennigs, ernst vor sich niederblickend. „Es sind Jahre verstrichen, seitdem ich vom Hause fort bin, und auch dort weiß niemand, was aus mir geworden ist."

Der andere Offizier fühlte bald heraus, wie unangenehm den Freund das Thema berührte. Er ahnte auch sofort, daß Hennigs wohl nicht in gutem Einvernehmen mit den Seinen gestanden habe, als er das heimatliche Dorf verließ. Gewandt lenkte er deshalb die Aufmerksamkeit des Genossen auf ein anderes Thema über.

„Eigentlich," sagte Strauß und blickte auf die langsam daherfahrenden Wagen, „haben wir heute das Sprichwort zur Wahrheit gemacht: ‚Wie Du mir, so ich Dir!' Banner hat vor kurzem in Havelberg schwer gebrandschatzt, und wir machten ihm dafür heute die Gegenrechnung."

Hennigs' Antlitz heiterte sich einen Augenblick wieder auf. „Unser Regiment soll nach Berlin zurück!" sagte er lebhaft. „Wenn nur Schwarzenberg von unserm Fürsten und Herrn aufgegeben würde! Friedrich Wilhelm hat unter dem Einfluß des allgewaltigen Ministers sogar zu leiden!"

„Den Kronprinzen dauert das Elend am meisten, welches der Krieg über unsere Lande gebracht hat!" versetzte Strauß. „Auch hat es ihn sehr schmerzlich berührt, daß Bernhard von Weimar, ein aufrichtiger Freund Brandenburgs, so unerwartet in Hüningen gestorben ist."

„Mit ihm ging die Hoffnung auf einen ehrenvollen Frieden für Deutschland verloren!" fügte Hennigs hinzu. „Man spricht es offen aus, daß der erst vierunddreißigjährige Mann keines natürlichen Todes gestorben sei."

„Großes Aufsehen hat das plötzliche Hinscheiden des tapferen Heerführers erregt. Allgemein geht auch das Gerücht, Bernhard sei vergiftet worden."

Beide Parteien führten übrigens den Krieg seit Gustav Adolfs Tode mit einer förmlichen Planlosigkeit. Man kämpfte mit einander, weil eben kein Friede geschlossen war, und die verwilderten Heere sogen das Land nach wie vor aus. Als der Kurfürst Georg Wilhelm von Brandenburg aber am 1. Dezember 1640 in Königsberg die Augen auf immer schloß, schien eine Wendung einzutreten. Friedrich Wilhelm ließ seine Armee sich und nicht dem Kaiser schwören. Die Regimenter, welche dies verweigerten, wurden entlassen, und nach dem bald darauf erfolgten Tode Schwarzenbergs schloß der junge Kurfürst wieder ein Bündnis mit Schweden. Torstenson war mit 7000 frischen Streitern in Deutschland erschienen und trieb den Feind jetzt zu Paaren. Die Schlacht bei Leipzig am 2. November 1642 gab glänzendes Zeugnis von der trefflichen Heerführung des nordischen Generals. Die Gegner verloren an Toten und Gefangenen an zehntausend Mann, dazu 46 Kanonen, fast 200 Fahnen und Standarten, die Kriegskanzlei und die Kasse.

Obwohl bald Unterhandlungen wegen eines Friedensschlusses eingeleitet wurden, tobte der Krieg noch jahrelang fort, bis endlich der Oktober 1648 bekanntlich dem Namen nach wenigstens den armen Völkern Frieden brachte. Ehe aber Ruhe und Sicherheit in Wahrheit dem erschöpften Reich gegeben wurden, verging noch eine geraume Zeit. Und wohl that es endlich not, daß dem namenlosen Jammer in Deutschland ein Ziel gesetzt wurde. Eine Generation, die nichts von den Segnungen des Friedens wußte, war unter dem Lärm und den Greueln des Krieges herangewachsen. Von Elend und Not zu Boden gedrückt hatte das Volk der Hoffnung auf eine bessere Zeit so gänzlich entsagt, daß es die plötzliche Botschaft von dem Ende seiner Drangsale für ein Märchen hielt. Schreckliche Zeit, die selbst den Glauben an einen

glücklichen Wechsel der Dinge im Menschenherzen ver=
nichtete! In stumpfer Hoffnungslosigkeit saßen Bürger
und Bauer auf den rauchenden Trümmern ihrer Habe,
auf den Gräbern der Ihrigen, die das Schwert des Fein=
des oder noch öfter Seuche, Hunger und Martern getötet
hatten. Die Hälfte der Bevölkerung Deutschlands war
dem Kriege zur Beute gefallen. Man kann sich denken,
daß in dieser schrecklichen Zeit Handel und Gewerbthätig=
keit gänzlich daniederlagen und nur das Kriegshandwerk
zu schrecklicher Größe aufblühte. Viele, die sonst auf ehr-
liche Weise sich genährt, denen aber der Krieg alles ge-
raubt hatte, verließen den rostenden Pflug und die verödete Werkstatt, um als Gauner und Strolche durch das
Land zu ziehen und zu rauben, wo es noch etwas zu
rauben gab. Zur entsetzlichen Plage gehörten aber die
Mengen der entlassenen Soldaten. Irgend etwas anderes
hatten die Menschen nicht gelernt. Jetzt war es dazu
natürlich zu spät; denn ein Kriegsknecht damaliger Zeit,
der womöglich zwanzig Jahre bei der Fahne gestanden
hatte, haßte alle andere Beschäftigung. Truppweise, unter
Betteln und Stehlen, durchzogen sie das Land, und man=
cher von ihnen ward von den erbitterten Dorfbewohnern
ohne Gnade erschlagen.

An Schulunterricht und ordentlichen Gottesdienst war
zu der bösen Kriegszeit nicht zu denken. Das Getümmel
der Waffen ließ stille, gottselige Andacht und Menschen-
bildung nicht aufkommen. Laster und Verbrechen brachen
wie eine Sintflut über das unglückliche Deutsche Reich
herein.

Wie vieles hatte da der Friede zu ordnen und zu
schaffen, wenn er seine Aufgabe wahrhaft erfüllen sollte! —

III.

Es war ziemlich ein Jahr nach dem Friedensschluß
von Münster. Alle Anstrengungen, die „gartenden" Soldaten zur Arbeit zurückzuführen oder aus dem Lande zu

treiben, scheiterten an dem Widerstande der rohen Banden. Selbst Gesetze und Strafbestimmungen gegen die Vagabonden nützten nichts. Da begann das Volk sich selber zu helfen. Die Bauern rotteten sich bei Annäherung solcher schlimmen Gäste zusammen, ergriffen die Waffen und jagten die frechen Gesellen in alle Winde.

Das Dörfchen Klinke hatte zu Zeiten des Krieges, wie die ganze Altmark, bös gelitten. Mehrere Male war es ausgeplündert und einmal sogar von den Kaiserlichen in Brand gesteckt worden.

Jetzt bestellten die Einwohner wieder regelrecht ihren Acker und strebten fleißig und unermüdlich danach, die Schäden, welche der gräßliche Völkerkampf auch ihnen verursacht hatte, wett zu machen.

Das Getreide stand dieses Jahr herrlich. Die Ähren begannen sich voll und kräftig zu entwickeln. Das mußte eine prächtige Ernte geben.

Über den davongelaufenen Jochen Hennigs hatte im Dorfe niemand wieder etwas erfahren. Wurden die Eltern nach dem unruhigen Burschen gefragt, so pflegten sie zu antworten: „Wat rechts will he woll nich worr'n sin, süß harr he gewiß moal von sich hören loaten!"*)

Ein schöner warmer Sommertag hatte die Bauersleute zum fleißigen Einfahren des Heues veranlaßt. Es konnte möglicherweise Regenzeit eintreten, und dann verlor das duftende Futter viel von seiner Güte.

Wieder wankte und schwankte ein vollbeladener Wagen die Dorfstraße daher. Oben auf demselben schaukelten zwei dralle Mägde, deren frische, volle Gesichter lebensfroh unter den rot und weiß gestreiften Kopftüchern hervorschauten.

Die Mädchen lachten und schwatzten voll Übermut, und wenn ein junger Bursche an dem Wagen vorüber ging, warfen sie ihn mit einer Handvoll zusammengeballten

---

*) Was Rechtes wird er wohl nicht geworden sein, sonst hätte er gewiß mal von sich hören lassen!

Heues, ober fie riefen mit verftellter Stimme feinen Namen.

Blickte der Geneckte bann verwundert nach dem getürmten Gespann in die Höhe, so sah er nichts Verdächtiges; denn die ausgelassenen Dirnen warfen sich jedesmal nach solchem Angriff auf die elastische Futterschicht nieder.

Eben schickten sie sich wiederum zu einem Angriff auf einen harmlos dahintrollenden Burschen an, als sie plötzlich wie gebannt die zum Wurf gehobenen Hände sinken ließen. Ein branbenburgischer Reiteroffizier, auf prachtvoll gesatteltem Pferde sitzend, kam in das Dorf gesprengt und hatte auch bald den Heuwagen eingeholt.

„Lieschen kick blot, wat is dat för'n schmucken Kerel!" sprach die eine der Mägde. „Ick glöw, dat is 'n General!"*)

„Wat Du tosamen schnackst! Wo sall denn hier 'n General herkommen? De Krieg is jo vörbi, un nu sind all be Kommandörs wedder noa Barlin to moakt."**)

„Nä, Lieschen, wat bist Du dösig!" nahm die erstere wieder das Wort und warf einen verstohlenen Blick auf den nahe herangekommenen Offizier. „Weetst Du denn noch nich, dat ein ‚siegreicher Heeresführer' dat Gob in Könnigbe köfft hat? — So verteilt uns nülich de Paster!"***)

Jetzt erblickte der Reiter die beiden Mädchen und nickte ihnen freundlichen Gruß zu.

Die brallen Dirnen wurden bis über die Ohren rot. Solche Freundlichkeit hatten sie von dem vornehmen Manne nicht erwartet.

Der Heuwagen bog in den Hennigsschen Hof ein.

---

*) Lieschen, sieh bloß, was ist das für ein schmucker Kerl! — Ich glaube, das ist ein General!

**) Was Du zusammen schnackst! Wie soll denn hier ein General herkommen? Der Krieg ist ja vorbei, und nun sind all die Kommandeurs wieder nach Berlin zu gemacht.

***) Ne, Lieschen, was bist Du dumm! — Weißt Du denn noch nicht, daß ein „siegreicher Heeresführer" das Gut in Könnigbe gekauft hat? — So erzählte uns neulich der Pastor.

Die Mädchen sahen aber noch, wie der Fremde dicht nebenan abstieg.

Das war den Neugierigen wieder ein Rätsel. Was nur der schmucke Offizier überhaupt in Klinke wollte?

Sie erzählten der anwesenden Hoffrau sofort von dem auffallenden Besuche. Die Alte aber schüttelte den Kopf und meinte warnend:

„Moalt den Düwel nich an be Wand! Et ist jo'n Segen, dat düt Kriegsvolk nicht wedder kümmt."*)

Ein Ruf des Erstaunens und der Furcht aber entwand sich den Lippen der Bäuerin, als plötzlich ein Hütejunge vom Nachbarhofe erschien und ihr die Bestellung brachte, der Fremde wünsche sie sofort zu sprechen.

Die Arme wollte sich in ihren Sonntagsstaat werfen, ehe sie der Aufforderung Folge leistete. Als jedoch der Bube forteilend die Worte hinaufwarf: „Ji sallen glits koamen!"**) machte sie sich, wie sie war, auf den Weg.

Unter Beben und Zagen betrat das gebeugte Mütterchen die Stube, in die man den Reiter genötigt. Da stand der Offizier, hoch aufgerichtet, im vollen Montierungsschmuck, gerade als wäre er eben von einer Parade gekommen. Auf dem Kopfe trug der Krieger eine blitzblanke Eisenhaube mit wallendem Federschmuck, während Brust und Rücken vom Stahlpanzer gedeckt waren. Die Linke hatte der Recke auf den Griff seines wuchtigen Pallasches gelegt.

Die Leute auf dem Hofe wußten gar nicht, was das alles zu bedeuten habe. Und nun begehrte der Unbekannte gar die alte Frau Nachbarin zu sprechen. Wenn das nur nichts Böses gab; denn mit Soldaten war, wie man allgemein aus bitterer Erfahrung wußte, wahrhaftig nicht zu spaßen.

Aber wider Erwarten schritt der Offizier der Zagenden freundlich entgegen und reichte ihr die Hand.

---

*) Malt nur den Teufel nicht an die Wand! Es ist ja ein Segen, daß dies Kriegsvolk nicht wieder kommt.
**) Ihr sollt gleich kommen!

Dann fragte er eingehend nach den Familienangelegen=
heiten des Mütterchens, ob ihr Mann noch lebe, wie viele
Kinder sie habe, und wie es mit der Wirtschaft stehe.
Gehorsam gab die Alte die verlangte Auskunft.
„So?" nickte der Offizier. „Also Lorenz ist immer
noch nicht selbständig? Ich glaubte, er hätte längst das
Besitztum übernommen?"
Die Frau schüttelte den Kopf. „Dat ging noch nich!"
sagte sie, mit den blöden Augen zu dem Offizier auf=
blickend. „Wie hebben, aß de Krieg wär', Schulden
moaken müßt, un nu kann he blot 'n Mäken mit Geld
bruken!"*)
„Ach, und die findet sich wohl nicht so leicht!" meinte
lachend der Soldat. „Am Ende kann ich dem Lorenz
beim Suchen behilflich sein und ein gut Wort mit ein=
legen. Wir haben in Könnigde hübsche und vermögende
Mädchen."
„Aber sagt doch mal, meine Liebe," fuhr der Un=
bekannte in herzgewinnender Weise fort, „hattet Ihr denn
nicht noch einen Sohn?"
Die Antwort auf diese Frage mußte der Bäuerin
wohl schwer werden. Sie räusperte sich etliche Male und
erklärte dann bitter:
„Jo, hab hew ick noch eenen; ober dat wär een Ut=
bund, een Unbaucht. De is weglopen, und ick weet nich,
ob em de Dod all hoalt hat, oder wo he sick noch rum=
drifft in be Welt!"**)
„De Dod hab em noch nich hoalt!" rief der Offizier,
ganz in der Sprachweise der Dorfbewohnerin. „Mudder,
kiekt mi doch moal genau an! — Ick bin jo Jochen!"***)

---

*) Wir haben, als der Krieg war, Schulden machen müssen,
und nun kann er bloß ein Mädchen mit Geld brauchen!
**) Ja, gehabt hab' ich noch einen; aber das war ein Aus=
bund, ein Taugenichts. Der ist weggelaufen, und ich weiß nicht,
ob ihn der Tod schon geholt hat, oder wo er sich noch herum=
treibt in der Welt!
***) Der Tod hat ihn noch nicht geholt! — Mutter, seht mich
doch mal genau an! — Ich bin ja Jochen!

„Ach nä!" stotterte die Alte ungläubig. „Et is doch nich recht, so'n oll Fru aß mi to'n Narren to hebben!"*)

„Wie werd' ich so etwas thun?" entgegnete weich der narbenbedeckte Krieger, indem er beide Hände der zitternden Frau ergriff. „Mutter, kennt Ihr mich denn wirklich nicht wieder?"

Da fiel es der Armen wie Schuppen von den Augen. — Der Klang der Stimme! — „Jo, Jochen! Nu hör' ick!" stammelte sie. „Wie is et möglich, dat ut minen ungerodenen Jochen son'n groten Herrn, aß he is, worren wär'!"**)

Wie ein Lauffeuer verbreitete sich die Nachricht von Jochen Hennigs' Rückkehr im ganzen Dorfe. „He is Gesandter worr'n an europäischen Hof!" erklärte ein alter Schäfer dem gerade daherkommenden Schullehrer und Schneidermeister, „un mit'n Kurfürsten in Barlin sall he sich ‚Du' und ‚Du' seggen."***)

„Ach wo? ‚Europäischer Hof' gifft et nicht, oll Quasselkopp!" antwortete der Jugendbändiger abweisend. „Rittmeister bi de Dragoner is he west!"†)

„'n Bitschen mehr is he denn doch!" entgegnete der Hirte, dem der Rittmeisterstand viel zu wenig schien. „Ji denken woll, ick kann mi nich mehr up Jochen besinnen? Mi hat er jo immer die Appeln ut minen Joaren wegstibitzt. Ick weet ook noch, aß he int School ging. Um de Tied was Discher Kersten Schoolmeister."††)

---

*) Ach nein! — Es ist doch nicht recht, so eine alte Frau wie ich bin, zum Narren zu haben!

**) Ja, Jochen, nun hör' ich's! — Wie ist es möglich, daß aus meinem ungeratenen Jochen so ein großer Herr, als Er ist, geworden wäre!

***) Er ist Gesandter geworden am europäischen Hof! — und mit dem Kurfürsten in Berlin soll er sich Du und Du nennen!

†) Ach, wo? Europäischen Hof giebt es nicht, alter Faselhans. — Rittmeister bei den Dragonern ist er gewesen!

††) Ein bißchen mehr ist er denn doch! — Ihr denkt wohl, ich kann mich nicht mehr auf Jochen besinnen. Mir hat er ja immer die Äpfel aus meinem Garten wegstibitzt. Ich weiß auch noch, als er in die Schule ging. Um die Zeit war Tischler Kersten Schulmeister!

Jochens alte Liebste, um die er eigentlich hauptsächlich
davongelaufen war, hatte kaum erfahren, daß ihr erster
Schatz als vornehmer Mann auf ihrem elterlichen Hofe
abgestiegen sei, als sie sich sofort aufmachte, um den
„Durchgänger" wieder zu sehen. Grete galt im Orte als
fleißige und tüchtige Bauerfrau, die mit ihrem Manne
einträchtig und zufrieden lebte. Gedacht hatte sie wohl
noch manchmal an den armen Abgewiesenen; aber auf
dem Lande ist keine Zeit zu Gefühlsschwärmereien, und
der nüchterne Sinn der Dorfbewohner läßt dergleichen
Wunden, wenn sie überhaupt vorhanden sind, sehr bald
vernarben.

Jochen war gerade im Begriff, den Nachbarhof zu
verlassen, da trat die gealterte Grete schüchtern durch die
Eingangspforte. So wie sie den ritterlich ausschauenden
Mann erblickte, schrie sie laut auf und wollte wieder
davonlaufen. „Grete, bliew doch!"*) rief Hennigs der
Furchtsamen nach. Nun drehte sie sich um, kam herbei
und gab dem Jugendfreunde treuherzig die Hand.

„Grete, harrst Du 't dhoan!"**) sprach im scherzenden
Vorwurfe der Offizier.

Und Grete sah dem männlich schönen Mann gut=
mütig in die Augen. „Ja, Jochen, harr ick 't wußt!"***)
seufzte sie.

Als Lorenz den zum großen Mann avancierten Bruder
sah, wäre er am liebsten auch Dragoner geworden. „Jochen,
nimm mi mit in Dien Regiment!" sagte er, mit der Hand
über seinen schmutzigen Arbeitsanzug wischend. „Wie bist
Du schmuck gegen uns alltosammen!"†)

„Der Krieg verzehrt, was die Arbeit erwarb!" sagte
ernst der Soldat. „Glaube ja nicht, lieber Bruder, daß
der Beginn der Soldatenlaufbahn eine Freude sei. Als

---
*) Grete, bleib' doch!
**) Grete, hättest Du es gethan!
***) Ja, Jochen, hätte ich es gewußt!
†) Jochen, nimm mich mit in Dein Regiment. — Wie bist
Du schmuck gegen uns all' zusammen!

ich vor Jahren Klinke verließ, ging ich nach Berlin und trat als gekaufter Söldner in ein Dragoner-Regiment; denn ich war ja arm und mußte Handgeld nehmen. Was habe ich durchmachen müssen, ehe ich mich emporgearbeitet! Unzählige Male schaute ich dem Tode in die Augen; aber durch meine Unerschrockenheit und Todesverachtung brachte ich es nach vielem Ringen doch bis zum Offizier. — Bleib' ruhig bei Deinem Pflug, Lorenz! Du thust wirklich besser!"

Am Abend kehrte der Herr Rittmeister zu Pferde nach Könnigde zurück. Halb Klinke gab ihm eine Strecke das Geleit. Beim Abschied versprach Jochen, nach einigen Tagen wieder zu kommen und dann auch seine Frau mitzubringen. Der Reiter war schon längst auf dem Waldweg verschwunden, als er noch das Hurra und Hoch seiner Landsleute hörte.

Die obersten Armeeleiter Friedrich Wilhelms hatten sich während des Krieges zu verschiedenen wichtigen Expeditionen des kühnen Lieutenants Hennigs bedient, und fast immer führte der Tapfere die Befehle seiner Vorgesetzten mit geradezu erstaunlicher Energie aus. Handelte es sich um das Abfangen feindlicher Proviantzüge, so durfte der unerschrockene Dragoneroffizier dabei nicht fehlen. Nach damaliger Kriegssitte erhielten die Soldaten stets einen großen Teil der gemachten Beute. So kam es denn, daß der inzwischen zum Rittmeister avancierte Jochen Hennigs beim Friedensschluß imstande war, das altmärkische Lehngut Könnigde von der Universität Frankfurt a. d. O. zu kaufen.

An seine Grete hatte Jochen noch lange gedacht, und oft schwebte dem armen Verschmähten am Lagerfeuer in stillen Nächten ihr Bild vor Augen. Aber sie war ja sicher schon längst verheiratet und vergaß ihn. Am Ende sollte alles so kommen! — Als Hennigs es bereits bis zum Lieutenant gebracht hatte, wurde er bei einer Reiteraffaire verwundet und zur Pflege in das Haus des Kaufmanns Kantzow in Prenzlau gebracht. Da pflegte des

Hausherrn schönes Töchterchen Elise den schmucken Dragoner=
offizier. Der Patient aber verliebte sich schließlich in das
sanfte, blonde Fräulein, und dieses erwiderte die zarte
Neigung.

Dem bedächtigen Handelsherrn wollte es erst gar nicht
in den Kopf, daß seine Tochter sich einen Soldaten zum
Lebensgefährten erwählt. Herrschte nun auch Frieden,
wer wußte, wie lange er dauerte, und wie stand's dann
um das Leben eines Kriegers? Als Hennigs indessen
von Frankfurt zurückkehrte und dem Herrn Schwiegerpapa
davon Mitteilung machte, daß er ein Rittergut erworben,
ließ der Widerstrebende schon anders mit sich reden. Tags
darauf fand die Verlobung seiner Tochter Elise mit dem
Rittmeister und Gutsbesitzer Jochen Hennigs statt, und
noch ein paar Monate später schloß des Priesters Hand
den Liebesbund der Verlobten vor dem Altare.

Eine volle Woche ward in Klinke über nichts gesprochen
als über den berühmt gewordenen Joachim Hennigs, und
Geschichten von ihm kamen dabei zur Sprache, wie sie
großartiger nicht gedacht werden konnten. Demnach sollte
der ehemalige Pferdebube den jugendlichen Kurprinzen
Friedrich Wilhelm vor einem Überfall gewarnt haben.
Dann hieß es ferner, der stattliche Soldat sei sogar als
Begleiter seines Kriegsherrn mit auf der Brautschau im
Haag gewesen. Mochte nun an diesen Erzählungen mehr
oder weniger Wahres sein, — das stand fest: der Ritt=
meister Joachim Hennigs galt bei dem Kurfürsten nicht
wenig.

Wie der Gutsherr von Könnigde es versprochen hatte,
traf er bald wieder in Klinke ein. Seinen hochbetagten
Eltern machte er die freudig aufgenommene Mitteilung,
daß er ihnen in der Nähe von Bismark einen ruhigen
Altensitz gekauft habe. Alles, was sie zum Lebensunterhalt
von nöten hätten, werde er ihnen liefern.

„Und Du, Lorenz," wandte er sich an den nicht mehr
jugendlichen Bruder, „nimmst nun unseren alten Stamm=
hof in Besitz. Damit Du aber die schon baufällig ge=

wordenen Gebäude wieder hübsch ausbessern lassen kannst, will ich Dir Geld geben, so oft Du etwas brauchst. Kommen dann vielleicht auch über mich einmal böse Zeiten, so rechne ich auf die Rückgabe des Geldes!"

Lorenz schwieg erst eine Weile, dann antwortete er trocken: „Jo, wenn ick 't Di doch wedder geben sall, dann kannst 't man behollen!"*)

So ist noch heutzutage altmärkische Art.

Unablässig war Herr Hennigs bemüht, die Wunden, welche der dreißigjährige Krieg seinem Heimatlande geschlagen, heilen zu helfen. Aus dem Reitersmann wurde nun ein sehr strebsamer Landwirt. Der neue Gutsherr von Könnigde ließ sich aus fernen Gegenden schönes Vieh kommen und gab von den später selbst gezüchteten Tieren gern Jungvieh an die Dorfbewohner zu möglichst billigen Preisen ab. Seinem Bruder Lorenz schenkte er einen prachtvollen Stier echt holländischer Rasse.

Daß nach Beendigung des schrecklichen Krieges auch in der Altmark weitgreifende Hilfe not that, bekundet ein Schreiben Balthasars von Eimbeck an den damaligen Landeshauptmann; denn es heißt darin: „Von Arendsee bis an die Elbe und dann südlich über Bismark und Stendal ist fast kein Ort, darin etwas Getreide oder ein lebendiges Tier verblieben."

Aber auch Kurfürst Friedrich Wilhelm ließ es sich in echt landesväterlichen Sorgen angelegen sein, den armen erschöpften Bewohnern seines fast zugrunde gerichteten Reiches in allen Dingen zu raten und zu helfen. Die Landeswohlfahrt zu fördern scheute er keine Mühe und Kosten. In ganzen Scharen wurden bäuerliche Ansiedler, Handwerker und Techniker ins Land gezogen und durch mancherlei Vergünstigungen bewogen sich auf herrenlosen Höfen und Bauplätzen niederzulassen. Die landesherrlichen Domänen dienten den Ackersleuten als Muster-

---

*) Ja, wenn ich es Dir wieder geben soll, dann kannst Du es nur behalten!

wirtschaften für Viehzucht und Landbau. Der Kurfürst selbst hielt sich nicht für zu gut, die ersten Versuche mit dem Anpflanzen der bisher nur wenig bekannten Kartoffel zu unternehmen. Abgesehen vom Getreide sollte ja kein Nährmittel eine solche große Bedeutung gerade für die deutsche Landwirtschaft erlangen wie diese ursprünglich amerikanische Frucht, welche schon 1565 von einem Sklavenhändler in Irland eingeführt war.

Kaum hatte Gutsbesitzer Hennigs von der wunderbaren „Tartuffel" gehört, „welche das Brot fertig liefere" und bereits im kurfürstlichen Schloßgarten in Berlin angebaut sei, als er sich sofort an den ersten Gärtnermeister Friedrich Wilhelms wandte, um ein paar Saatexemplare dieses Unikums zu erhalten. Wirklich trafen sechs bis acht Knollen mit der nötigen Pflanzanweisung in Könnigde ein. Die Proben wurden im Frühjahre gepflanzt und gediehen in dem sorgsam bearbeiteten Acker ausgezeichnet. Im Juli standen die dunkelblättrigen Stauden in Blüten, und bald darauf entwickelten sich die grünen Samenäpfelchen.

Allgemein wunderte man sich auf dem Gute, daß die Früchte der Kartoffel grasgrün und klein blieben. Endlich ordnete der Herr Rittmeister persönlich an, die unansehnlichen Dingerchen abzupflücken und in die Küche zu besorgen. „In Wasser gekocht wird die Frucht genießbar!" so lautete die von Berlin aus gegebene Information.

Also machte sich Frau Elise Hennigs selbst daran, das Mahl zu bereiten. Die Mägde schüttelten den Kopf; sie hatten keinen Glauben an die Neuerung. Sobald das Wasser aber kochte, platzten die Samenkugeln, und das Ganze wurde ein 'grüner, gerade nicht zum Genuß einladender Brei.

Keiner wollte zum Kosten heran. Schließlich ergriff der Gutsherr einen Löffel und genoß ein wenig von dem Brei. „Pfui Spinne!" rief er voll Unbehagen und schluckte die unschmackhafte Speise nicht hinunter. „So etwas hätten meine Dragoner selbst in der größten Not nicht gegessen!" meinte der ehemalige Krieger. „Den wilden Indianern mag das Zeug wohl schmecken, uns Europäern nicht!"

Ein auch von Frau Elise gemachter schüchterner Kostverfuch ergab dasselbe Urteil.

„Reißt das Unkraut heraus!" befahl der Rittmeister schließlich den kichernden Mädchen. Das geschah denn auch. Aber wie erstaunt waren alle, als nun erst die Knollen der Pflanze zum Vorschein kamen. Schnell ging es noch einmal an ein Kochen der „Tartuffeln", und diese schmeckten selbst den Küchenfeen gar nicht übel.

Auf dem Gut Könnigde flossen der Tage voll Glück und Freude viele dahin. Schon ein Jahr nach der Hochzeit hatte der Storch der hübschen jungen Frau ein Söhnchen in den Schoß gelegt, später folgte ein Töchterchen und dann wieder ein Sohn.

Der miles perpetuus, b. h. das stehende Heer im Sinne der Jetztzeit, war damals ein wenig gekanntes Ding. Selbstverständlich gab es auch bei dem üblichen Werbesystem keine Reserve und Landwehr. Rittmeister Hennigs stand aber immer noch in einem gewissen Verbande mit den vorhandenen kurfürstlichen Reiterregimentern. Im Jahre 1653 wurde er zum großen Leidwesen der armen Gattin „einberufen", weil es schien, als ob Brandenburg in Jülich, Cleve und Berg wieder zum Schwert greifen werde. Ein Vergleich erhielt jedoch schließlich den Frieden, und der Rittmeister kehrte auf sein Gut zurück.

Und wieder vergingen etliche Jahre der Ruhe und des Friedens, die von Stadt- und Landbewohnern der Altmark gründlich zur Aufbesserung ihrer zerrütteten Verhältnisse benutzt wurden. Handel und Wandel belebten sich allmählich, und die Landwirtschaft blühte von neuem gedeihlich empor. Könnigde wurde ein wahres Mustergut unter der Bewirtschaftung seines jetzigen Besitzers. Der Herr Hennigs führte ein strenges, aber gerechtes und nutzbringendes Regiment.

Es war anfangs Mai des Jahres 1656. Das Getreide wuchs prächtig und vielversprechend dem Sommer entgegen. Kurfürst Friedrich Wilhelm von Brandenburg, obwohl dem Frieden sehr zugethan, hatte gerüstet, um in der polnischen Konfliktsfrage sein Schwert mit in die Wagschale werfen zu können. Zuerst Gegner der Schweden, hielt er es doch für vorteilhafter, sich mit dem geübten nordischen Heere auf guten Fuß zu stellen; er ging sogar einen Vertrag mit dem König Karl Gustav ein. Die Spitze dieser Abmachungen war gegen Johann Kasimir, König von Polen, gerichtet.

„Nun sieht's aber doch so aus, als ob es zum Krieg käme!" sagte eines Abends Herr Hennigs in der Laube zu der neben ihm sitzenden Gattin. „Mein hoher Fürst und Herr hat sich an die Spitze der schon seit Monaten gesammelten Armee gestellt. Zieht er selber mit ins Feld, so geschieht das nicht umsonst. Ich glaube, es geht den unruhigen Polen an die Ohren!"

„Du bleibst doch hier, lieber Joachim?" fragte Elise ängstlich den geliebten Mann. „Wenn jeder in dem Maße seine Schuldigkeit that wie Du, so ist's am Ende genug!"

„Ehe ich nicht gerufen werde, gehe ich nicht!" sagte der Gutsherr und strich seiner Gemahlin die Wangen. „Verlangt aber unser hoher Gebieter die Einsetzung meiner geringen Kraft, so muß ich dem Rufe folgen und stelle mich als gehorsamer Soldat."

Elise wollte von diesem Gehorsam aber nichts wissen. „Was man nicht nötig hat zu thun, kann man aus guten Gründen unterlassen!" erwiderte sie eifrig. „Du sollst Dich den Deinen erhalten!" —

„Ei, sieh doch! Du verstehst Dich auch auf Diplomatie!" lachte der unerschütterliche Soldat. „Weißt Du denn aber nicht, daß es ehrenhaft ist, im Kampfe für das Vaterland sein Leben zu lassen?"

„Das ist möglich!" schmollte die besorgte Frau. „Jedoch den Verlust des Gatten und Vaters ersetzt das Vaterland nie!"

„Na, laß nur gut sein, liebe Elise!" meinte Joachim und küßte seine Gattin. „Noch ist's nicht soweit, und bisher kam ich ja auch noch immer mit dem Leben davon!"

Elise kümmerte sich sonst um das, was da draußen in der weiten Welt vorging, gar nicht. Ihr Bereich war die Wirtschaft des Gutes, der sie als die oberste Leiterin vorstand. Nun Joachim aber so bedenkliche Dinge erzählte, wollte die bangende Frau immer Neuigkeiten wissen. Ihr Gatte hielt die damals einmal in der Woche erscheinende „Magdeburgische Zeitung" mit. Darin standen all die wichtigen Welthändel verzeichnet, wenn auch die Nummern des Blattes immer erst vier Tage nach der Ausgabe in Königsde anlangten.

Da las denn die besorgte Frau, daß die Schweden erst ganz Polen erobert, jetzt aber von den wild anstürmenden Kosaken- und Pandurenhorden zurückgedrängt seien. „Der Kurfürst von Brandenburg wird dazu getrieben, mit seinem Lehnsherrn Karl Gustav gegen Polen zu kämpfen!" So schloß ein politischer Bericht des Blattes an der Elbe.

„Immer der Kurfürst!" sprach Elise vor sich hin. „Warum er wohl nicht in Berlin bleiben mag?" — Wie tief gedemütigt sich der bedauernswerte Herrscher als schwedischer Vasall fühlte, das ahnte die Harmlose nicht.

Da trat eines Tages das von der armen Frau längst gefürchtete Verhängnis ein: in vollem Galopp kam ein Postreiter von Stendal nach Königsde geritten, der dem Herrn Rittmeister Hennigs einen Brief aus der kurfürstlichen Kriegskanzlei in Berlin überbrachte. In dem Schreiben stand, daß der oberste Kriegsherr seinen verdienstvollen und allezeit getreuen Rittmeister Hennigs „citissime" bei der Armee erwarte.

Ferner hieß es in der Ordre: zu Lowicz, zehn Meilen westlich von Warschau, stehe das Reiterregiment des Obersten Quats. Dorthin habe sich der Herr Rittmeister sofort zu begeben.

Frau Hennigs war außer sich vor Erregung, als ihr Gatte den kurz und knapp gehaltenen Brief vorgelesen. „Du gehst nicht hin," rief sie aufgebracht. „Was soll denn aus uns werden, wenn Du fort bist?" — Als aber der Gemahl schweigend eine Karte herbeiholte und emsig nach dem Orte seiner Bestimmung suchte, ging sie still aus dem Zimmer und weinte.

Am folgenden Tage schon verließ der Rittmeister in vollem kriegerischen Schmuck sein trautes Heim. Elise war ruhiger geworden. Beim Abschied des Herrn stand das vollzählige Gutspersonal am Ausfahrtsthor. Anweisungen erteilend sprach der stattliche Krieger noch eine Weile mit seinem Inspektor, dann küßte er der Reihe nach seine Kinderchen, drückte die Gattin noch einmal an die bepanzerte Brust und schwang sich jugendlich leicht auf den unruhigen Hengst. Kerzengerade stieg das Tier in die Höhe als es die Last des Reiters spürte. Ein paar energische Sporenhiebe brachten es aber bald zur Vernunft. „Ade! Ade!" schallte es noch einmal aus dem Munde aller Anwesenden, und nun sprengte der Offizier davon.

Drei Tage später ritt Hennigs in Berlin ein; aber nur eine Nacht blieb er in der Residenz. Weiter ging es in beschwerlichem Marsche nach Frankfurt, Posen und endlich nach Lowicz.

Dort sah alles sehr kriegerisch aus. Der Herr Rittmeister trat sofort in den Dienst. Oberst Quats hatte vielfach erst vor kurzem geworbene Söldner in seinem Regiment, und diese mußten natürlich ausgebildet werden.

Am 15. Juni folgte der Vertrag zwischen Schweden und Brandenburg, ein förmliches Schutz= und Trutzbündnis, und nun war der Kampf so gut wie beschlossene Sache.

Der Streit mußte ein heißer werden; denn nur vierzehntausend Schweden und sechzehntausend Brandenburger standen einem Feinde von etwa sechzigtausend Mann gegenüber.

Am 18. Juni griffen die beiden verbündeten Mächte die Polen bei Praga an, und es kam zu jener mörderischen, drei Tage wütenden Schlacht.

Die Polen, jedenfalls auf ihre Überzahl rechnend, nahmen schon im voraus den Sieg für sich in Anspruch. Prahlend äußerte ihr König Johann Kasimir zu dem französischen Gesandten d'Avangour, „er habe die Schweden und Brandenburger den Tataren zum Frühstück versprochen, dem Kurfürsten aber ein Gefängnis zugedacht, wo er weder Sonne noch Mond jemals erblicken solle."

Die Prahlerei kam dem König teuer zu stehen.

In der brandenburgischen Armee standen Generale von sehr gutem Rufe, so der General-Feldmarschall Friedrich von Waldeck und dessen Bruder, ferner die Generalmajore Kannenberg und Goltz, hauptsächlich aber der eigentliche Schöpfer der brandenburgischen Artillerie, General-Feldzeugmeister von Sparr, und der Generallieutenant von Derfflinger, der erst vor kurzem in die kurfürstliche Armee eingetreten war. Der letztere hatte sich den Rittmeister Joachim Hennigs kurz vor der Schlacht zum Adjutanten erbeten.

Der Verlauf des furchtbaren Kampfes lieferte den Beweis, daß Disziplin und Schulung der Soldaten doch über wildes, zügelloses Ungestüm gehen.

Der Kurfürst befehligte den linken, schwedischen Flügel, König Karl den rechten, der namentlich aus brandenburgischen Regimentern bestand.

Die Schweden zeigten während der dreitägigen Schlacht von neuem, daß sie sich auf das Soldatenhandwerk verstanden; die Hauptarbeit that jedoch das erst ziemlich neu geschaffene Heer Friedrich Wilhelms. Am zweiten Tage hatte dasselbe die Last des Kampfes geraume Zeit hindurch allein zu tragen, weil die Schweden, um eine günstigere Stelle für den Angriff zu suchen, von dem rechten Flügel der gemeinsamen Aufstellung, den sie bisher innegehabt, auf den linken sich begaben. Während Karl Gustav dies gefährliche Manöver ausführte, hing alles davon ab, ob die brandenburgische Infanterie den wütenden Anfall der feindlichen Reiterschwärme aushalten werde. Aber die Vierecke der Deutschen, „die wandernden Kastelle", waren nicht zu erschüttern. Die vorderen Glieder, die Pikeniere, knieten nieder, wenn die Reiter ansprengten, und streckten ihre Speerreihen den Pferden kaltblütig entgegen, während die hinter ihnen stehenden Musketiere mit wohlgezielten Salven unter den Angreifern aufräumten.

So konnten die Schweden ruhig ihre neue Stellung einnehmen und in den Kampf des dritten Tages mit frischen Kräften eingreifen. Auch an diesem Tage gelang den Truppen Friedrich Wilhelms das Beste. General von Sparr erstürmte an der Spitze der brandenburgischen Infanterie den Schlüssel der feindlichen Position, das Gehölz von Praga; Derfflingers Dragoner stürzten sich mit unwiderstehlicher Wucht in die weichenden Massen des Gegners. Das ganze polnische Heer löste sich in jäher Flucht auf, unermeßliche Beute an Kanonen, Fahnen und Standarten in den Händen der Sieger zurücklassend.

Karl Gustav und Friedrich Wilhelm hielten einen triumphierenden Einzug in die Hauptstadt des inzwischen entflohenen Johann Kasimir, und der tapfere schwedische Feldmarschall von Wrangel gestand unumwunden, daß „diese herrliche Viktoria der hohen Konduite des brandenburgischen Fußvolkes vorzugsweise zu danken war".

Schon am ersten Tage der Schlacht hatte sich der Rittmeister Hennigs unter den Augen Derfflingers bei einem Vorstoß gegen den Feind derartig ausgezeichnet, daß der General Anlaß nahm, den tapferen Offizier öffentlich vor dem Regimente zu belobigen. Am dritten Tage legte der unerschrockene Haudegen aus der Altmark abermals einen Mut und eine Unerschrockenheit an den Tag, die ihresgleichen suchte. Der Kurfürst selbst hatte sich zum Sturm auf eine verderbendrohende Batterie an die Spitze von sechs Schwadronen Dragoner gesetzt. Wie die Windsbraut flog die Kavallerie daher, trotzdem sie einen Sandhügel erklimmen mußte. Hennigs war mit seinen Leuten der erste zwischen den Geschützen. Wie niedergemäht fielen die feindlichen Artilleristen. Sämtliche Geschütze aber wurden eine Beute der ungestümen Reiter.

„In dem Hennigs steckt der leibhaftige Teufel, wenn er losbricht!" hatte Derfflinger zum General=Feldzeugmeister von Sparr geäußert. „Ich halte es für meine Pflicht, ihn dem Kurfürsten zur Beförderung zu empfehlen."

„Ihre Durchlaucht sind bereits persönlich auf den braven Offizier aufmerksam geworden," entgegnete jener. „Passen Sie auf, Kamerad, für Hennigs kommt etwas dabei heraus."

Sparr hatte richtig prophezeit: nach dem Einzuge der verbündeten Truppen in Warschau erfolgte des Tapferen Ernennung zum Major.

Sobald Joachim die nötige Ruhe fand, schrieb er der Gattin nach Königde alle seine Erlebnisse der jüngsten Zeit. „Einmal stand es doch bedenklich mit mir!" bemerkte er bei der Schilderung der glücklich gewonnenen Schlacht. „Ich hatte mir einen grimmen Tatarenführer vor die Klinge genommen, gewahrte aber nicht, daß ein anderer der asiatischen Reiter mir inzwischen von hinten genaht war. Eben wollte mir der Patron eins versetzen, da schoß ihn zum Glück ein Dragoner über den Haufen. Du siehst also, lieber Schatz, mein Leben steht in Gottes Hut!"

Zum Schluß schrieb der treue Soldat: „Denke Dir meine Freude: Se. Durchlaucht der Kurfürst hat die Gnade gehabt, mich wegen meiner geringen Verdienste zum Major zu ernennen. Strauß und Schulenburg haben's zum Rittmeister gebracht. Sie sind aber als echte Kameraden nicht neidisch auf mich. Fünfzig Kanonen nahmen wir den Polen ab, außerdem noch die Kriegskasse und die ganze Bagage. Eine außergewöhnliche Erscheinung während der Schlacht war es, daß die Königin von Polen persönlich zum Kampfe aufmunterte. Geholfen hat's ihr aber doch nicht! Wann ich wieder heimkehre, weiß ich nicht. Und stände mir auch das Recht zu, meine Entlassung zu verlangen, ich glaube, ich brächt's nicht über mich, den teuern Kriegsherrn vor dem Friedensschluß zu verlassen; und so denken alle."

Brandenburgs Kriegsruhm erscholl jetzt durch alle Lande, weiteren Erfolg hatte aber der Sieg bei Praga kaum erzielt. Kurfürst Friedrich Wilhelm durfte aus Selbsterhaltungsrücksichten die Übermacht Schwedens nicht zu sehr „ins Kraut schießen lassen". Er trat deshalb zurück.

Das Kriegsglück ist nicht minder wandelbar wie das des gewöhnlichen Lebens. Der polnische General Gensiewski schlug im September mit 20 000 Tataren die Brandenburger und die wiederum mit diesen vereinigten Schweden bei Lyck. Im Oktober aber ereilte den kühn gewordenen Sieger bei Philippowa das gleiche Geschick: er unterlag im heißen Kampfe den beiden Verbündeten.

Erst der Mai 1660 brachte endlich den Frieden von Oliva. Der Kaiser, Brandenburg, Polen und Schweden schlossen ihn.

Major Hennigs hatte sich bei allen Kämpfen, die er mitgemacht, besonders ausgezeichnet. Im Jahre 1659 wurde er zum Oberstwachtmeister ernannt und ihm ein sechswöchentlicher, jederzeit widerruflicher Urlaub zur Ordnung seiner Angelegenheiten bewilligt. Das Wiedersehen in Könnigde gab große Freude; aber um so herber war auch die abermalige Trennung von den Seinen. — Nach dem Friedensschluß von Oliva kehrte der ruhmbedeckte Krieger „nun", wie er selber sagte, „gewiß auf Lebenszeiten" nach Könnigde zurück.

Der tapfere Haudegen ahnte nicht, daß sein oberster Kriegsherr ihn doch noch einmal rufen werde.

IV.

Es war ein schönes, anziehendes Bild, welches die Einwohner Könnigdes oft an heiteren Sommerabenden von der Einfriedigung des Gartenparkes aus betrachten konnten. Der sonst so derbe und martialische Kriegsmann, Herr Oberstwachtmeister Hennigs, promenierte inmitten der Seinen unter den schönen Bäumen der Anlage und zeigte sich dabei als ein äußerst liebevoller und sorgender Familienvater.

Auf einem Grasrundteil standen drei hübsch gewachsene hohe Edeltannen, in deren Schatten ein Steintisch und zwei Bänke aufgestellt waren.

Dies Plätzchen wurde von der Familie des Gutsherrn mit Vorliebe aufgesucht. Da saß dann die Frau Oberstwachtmeister und nähte oder strickte, während ihr Gatte sich mit den beiden Buben beschäftigte. Ein niedliches blondlockiges Töchterchen hatte sich auf den Rasen niedergelassen und spielte mit der Puppe.

Meistens ließ der Vater seine beiden Jungen exerzieren. Fragte nämlich jemand die munteren Knaben, was sie denn später werden wollten, so antworteten sie nicht ohne ein gewisses Selbstbewußtsein: "Soldat, wie unser Papa!"

"Das ist recht!" pflegte Hennigs dann die kecken Bürschchen aufzumuntern. "Du, Nikolaus, wirst Kavallerist, und Heinrich soll beim Fußvolk eintreten!"

"Papa, dann kommen wir nicht eher nach Könnigde zurück, bis wir General geworden sind!" erklärte der Älteste in allerliebstem Ernste.

"Die Mama soll uns gar nicht wieder erkennen!" fügte der zweite hinzu. "Wie sie wohl alle staunen werden, wenn ich mit einem großen Barte ankomme, als wenn ich Papa wäre!"

"Euch kennt man doch!" nahm nun auch das kleine Mädchen an dem Gespräche teil. "Ihr könnt das Lärmen nicht lassen, und da weiß man gleich, daß Ihr es seid."

"Was versteht denn so ein Plapperlieschen davon?" drehte sich Nikolaus nach der Schwester um. "Du weißt weiter nichts, als uns zu ärgern. Wenn ich erst General bin, sehe ich einen solchen Knirps wie Dich überhaupt nicht mehr an."

„O, Nikolaus," fiel jetzt die Mutter ermahnend ein. „Wer wird denn so hartherzig sein? Sieh doch, Sophiechen weint schon!"

Dem Kinde traten nun auch wirklich die Thränen in die Augen, aber nur infolge der Worte, welche die Mama sagte.

Das ging dem gutmütigen Jungen doch zu sehr ans Herz. Schnell lief er auf sein Schwesterchen zu. „Ich komme schon nach vier Wochen zum Besuch zu Euch!" tuschelte er der wieder Lächelnden ins Ohr, „und dann fahren wir zum Onkel nach Klinke."

Der vermögende Gutsherr von Könnigde verkehrte häufig mit seinem schlichten bäuerlichen Bruder. Oft kam Lorenz, der ein hübsches, nicht unbemitteltes Mädchen geheiratet hatte, zum Besuche auf die schöne Besitzung Joachims, und gar nicht selten ritt der letztere in Begleitung seines Ältesten nach dem väterlichen Hofe.

Allmählich nahte die Zeit, während welcher es auf dem Lande außerordentlich viel zu thun gab. Die Ernte begann. Morgens in aller Frühe, wenn kaum der Tag graute, zogen Schnitter und Binderinnen auf das Feld, um das schöne reife Korn zu fällen und es in Bunde aufzustellen. Herr Hennigs ritt dann oft selbst auf die Fluren, um nach dem Rechten zu sehen und die Leute durch ein aufmunterndes Wort zu reger Thätigkeit anzuspornen; Knechte und Mägde erhielten während dieser Zeit schwerer Arbeit besonders gute Verpflegung. Ein paar halbfette Borstentiere waren für die Leute geschlachtet. Da gab's dann Fleisch und Wurst, auch wohl Speck sehr reichlich mit auf das Feld hinaus. Eine Bismarker Brauerei aber hatte einige Tonnen Bier liefern müssen, von dem alltäglich etliche steinerne Flaschen verteilt wurden.

Von einer Unzufriedenheit des Gesindes, wie sie heutzutage zu den gewöhnlichen Erscheinungen gehört, wußte man damals nichts. Die Leute sahen in ihrem Arbeit=

geber den wohlwollenden Herrn, dessen Interessen zu
wahren sie sich verpflichtet hielten, und den sie meistens
hoch verehrten. Insofern war die alte Zeit auch eine
gute!

Spaßen ließ der Herr Oberstwachtmeister aber nicht
mit sich. Bei den etwa vorkommenden Ungehörigkeiten
vermahnte er das erste Mal ernst und gütig. Fiel wieder
etwas vor, dann gab es schon ein Donnerwetter, und
half auch dieses nichts, so folgte ein soldatisches Aufgebot,
daß alles zitterte und bebte.

An der Scheidemauer des Gutshofes und der Dorf=
straße stand ein alter Birnbaum, der ausgezeichnete Früchte
trug. Die Obstbaumzucht lag um jene Zeit auf dem
platten Lande der Altmark sehr im argen; an ein Auf=
bessern der Sorten dachte kein Mensch. Die noch heut=
zutage viel vertretene sog. Trammelbirne galt als In=
begriff aller wohlschmeckenden Früchte, obwohl ja ihre
Nutzbarkeit im großen Ganzen ohne Frage noch jetzt eine
nicht zu unterschätzende ist.

Der Herr Oberstwachtmeister freute sich über den
schönen Birnbaum und hütete die Früchte gegen alle un=
berechtigten Aneignungsversuche. Die Dorfbuben hatten
aber längst ausgespürt, daß die Gutsbirnen von ausge=
zeichnetem Geschmack seien, und deshalb warfen sie, na=
mentlich in den Dämmerstunden, von der Straße aus
mit Steinen und Knütteln in den überhängenden Baum.
Wehe den Jungen, die von Herrn Hennigs bei diesen
Räubereien abgefaßt wurden! Mit seinem Reitstöckchen
gerbte er die kleinen Spitzbuben dermaßen durch, daß
diese den Denkzettel in ihrem Leben nicht vergaßen.
Kamen indessen Kinder auf den Hof und baten um ein
paar Birnen, so steckte ihnen der gutherzige Mann beide
Taschen voll. —

Schon vor etlichen Tagen hatte der Inspektor seinem
Herrn die Mitteilung gemacht, daß am nächsten Sonn=
abend das letzte Korn eingefahren werden könne. Nach
altem hochgehaltenem Brauche fand denn das „Vergöben=

beel", die Erntefeier, statt. Die Sitte ist heute noch in den Dörfern der Altmark gäng und gäbe; selbst auf den großen Gütern ließ man sie nicht eingehen.

Herr Hennigs, eingedenk seiner ländlichen Herkunft, hielt erst recht auf die zu Ehren der Frau Gode schon zu uralten Zeiten gestiftete Feier.

So kam denn der von den Leuten sehnlichst erwartete Festtag heran. Singend und jubelnd, ein paar spielende Musikanten an der Spitze, zog das Gutsgesinde auf das Feld hinaus, um die letzten Roggenbüschelchen, das Vergödendeels=Enn', mit der Sichel abzuhauen. Die Ähren waren mit einem bunten Bändchen zusammengebunden, und bevor sie fielen, hoppste das junge Volk um die Stätte herum. Dabei gab es Kuchen und Bier, auch wohl ein Schnäpschen. Die Rückkehr in das Dorf geschah ebenfalls unter Musik und Gesang. Vor dem Gutshofe wurde von den „Bloasknechten" ein Choral gespielt, welche alle, auch die hinzugekommene Herrschaft, andächtig mitsangen.

Dann nahm jung und alt, groß und klein vor dem Wohnhause Aufstellung. Der Herr Oberstwachtmeister, seine Gattin und Kinder hatten sich vorn auf die Granitstufen gestellt. Eine junge, blonde, hübsch aufgeputzte Magd trat an die Herrschaft heran, und indem sie, tief knicksend, den gebündelten Erntestrauß überreichte, hielt sie sogar eine poetische Ansprache, welche der Dorfkantor in Gemeinschaft noch einiger dichterischen Größen angefertigt hatte. Ohne irgend welche Beklommenheit deklamierte die liebe Einfalt ihren Reim:

    Das Erntefest ist heut gekommen,
    Drum hab' ich mir die Freiheit genommen
    Und wünsche Glück gewandt und gern,
    Der lieben Frau und dem gestrengen Herrn.
    Herr Oberstwachtmeister mög' in allen Kriegen
    Ueber seine Feinde siegen!
    Dazu wünsch' ich ihm eine Pistole,
    Damit er Kraft und Mut sich hole.
    Und kommt der Schwede nochmals ins Land,
    Haut er ihn tüchtig auf die Hand.

Der Viehstand möge sich vermehren,
Der Himmel allem Unglück wehren!
Und wenn die Rüben gut gedeih'n,
So soll's uns ein Vergnügen sein.
Denn jede Freude ist verkürzt,
Wenn man einmal vom Pferde stürzt!
Der lieben Frau wünsch' ich 'ne Haube
Und eine weiße Turteltaube;
Dazu stets Braten in die Küche,
Hühner und Eier stets bis in die Brüche.
Ich wünsche der Frau eine seidene Schürze,
Damit sie sich die Zeit verkürze,
Und später 'n schmucken Schwiegersohn;
Das Töchterchen dazu hat sie schon! —
Den Kindern wünsche ich fröhliches Wachsen,
Damit sie können reisen nach Pommern und Sachsen;
Dem Heinrich zwei schöne Ziegenböcke,
Und Nikolaus drei goldne Stöcke.
Sophiechen wünsch' ich 'n Fingerhut,
Damit sie weiß, wie 's Nähen thut!
Und hab' ich vergessen noch jemand zu huld'gen,
So wolle man meinen Fehler entschuld'gen!
Ich habe erst wenig Jahr auf dem Nacken,
Kann daher weder Rätsel noch Nüsse knacken.
Sollte sich jemand zu mir wenden,
So empfange ich ihn mit vollen Händen.
Ich möchte ein Tänzchen auch riskieren,
Wenn einer mich thät' engagieren.
Und hab' ich mich dann gestärkt beim Schmaus,
Kehr' froh und glücklich ich wieder nach Haus!

Der Herr Oberstwachtmeister und seine Gattin hatten unentwegt und ohne eine Miene zu verziehen den komischen, aber sicher gut gemeinten Vortrag mit angehört. Die Musik spielte einen Walzer auf, und nachdem der Gutsherr der schmucken Sprecherin gedankt hatte, trat er mit ihr in der nahegelegenen, hübsch gesäuberten Scheunendiele zum Tanzen an. Der Herr Inspektor hatte aber die Hausfrau um eine Tour gebeten. Nun folgten auch die anderen Paare, bis der Ball im vollen Gange war.

Nachdem das lustige Völkchen ein bis zwei Stunden getanzt hatte, ging's zur Mahlzeit, die aus Suppe, Braten und Nachtisch bestand. Die Gutsherrschaft zog sich bald nach den ersten Tänzen zurück. Sie überließen das muntere Treiben lieber der jungen Welt.

Als die Tafel aufgehoben war, begann der Tanz von neuem. Aber um 1 Uhr mußte alles vorbei sein: so wollte es der Herr Oberstwachtmeister, und Burschen sowohl wie Mägde wußten, daß an den Vorschriften nichts zu ändern war. Bier konnte jeder trinken, so viel ihm beliebte.

Großes Vergnügen fand der Gutsherr von Könnigde an der Jagd; nichts ging ihm aber über eine Wildschweinshatz. Den anlaufenden wütenden Eber abzufangen, ihm bei eigener Lebensgefahr das scharfe, spitze Eisen in die Brust zu stoßen, das gewährte dem Kriegsmanne eine große Freude. Einmal hatte der kühne Jäger bei solchem Kampfe die richtige Stelle zum Abfangen verfehlt, und ehe er hinter einen schützenden Baum zu springen vermochte, rannte ihn das schäumende Vieh zu Boden. In demselben Augenblicke bekam Hennigs auch von dem Kempen einen solchen Hieb gegen das linke Bein, daß sein Reiterstiefel durchschlagen und ein Teil der Wade bös aufgerissen wurde. Trotz des argen Blutverlustes blieb der Verwundete still auf dem Antlitz liegen, bis auf sein fortwährendes Rufen ein zufällig vorübergehender Waldwärter hinzusprang, der das rasende Schwein aus nächster Nähe durch den Kopf schoß.

Mehrere Monate lang mußte der Oberstwachtmeister infolge der Verletzung lahm gehen. Als das Bein indessen wieder völlig geheilt war, zog er wiederum hinaus in den schönen grünen Wald, um dem edlen Weidwerk zu huldigen. Selbst die bittende Gemahlin vermochte nicht, den Gemahl zum Aufgeben der Jagd zu bewegen.

Die letzten Nachkommen des tapferen Helden von weiblicher Seite, die Herren von Görne, bewahren noch heutzutage eine sogenannte Schweinsfeder, mit welcher der große Joachim den Ebern nachgestellt hat.

In tiefe Trauer wurde die Familie Hennigs durch den Tod der beiden Eltern des Gutsherrn versetzt. Die hochbetagten Leute starben bald nach einander." Die meisten Festtage im Jahre pflegten sie im Kreise der Ihrigen auf Könnigde zuzubringen; indessen auch in Klinke, beim „guten Lorenz" sprachen sie sehr oft vor.

Weit härter traf den Oberstwachtmeister der Schicksalsschlag, daß seine geliebte Elise in eine schwere Krankheit verfiel, von der sie nicht wieder genesen sollte. Gerade als im Gutsgarten die ersten Blumen blühten, segnete die arme Dulderin das Zeitliche. Draußen im Park jubilierten die aus dem fernen Süden zurückgekehrten gefiederten Sänger und ließen ihre schönsten Weisen erschallen; aber in dem epheuumrankten Schlafgemach, das nach der Anlage hinausführte, stand der narbenbedeckte Krieger, die Hand seiner geliebten Elise fest umschlossen haltend, und weinte wie ein Kind, er, der harte und starke Reitersmann, der schon viel größeres Wehe und Herzeleid in der Welt geschaut.

Nur langsam vermochte die Zeit den Schmerz zu stillen, den der Tod dem armen Manne verursacht. Joachim war wortkarg und ernst geworden; die Kinder bildeten seine einzige Freude.

In der Landwirtschaft ist die Frau des Hauses mit dem Manne zugleich das Haupt des ganzen Getriebes. Sie muß das erhalten und zu vermehren wissen, was der Gatte schuf und erwarb. Es liegt eine Fülle von Wahrheiten in dem alten derben Volksreim:

„Wenn der Mann ist noch so fleißig
Und die Frau ist liederlich,
Taugt die ganze Wirtschaft nichts!"

Fehlt aber die Frau gar, so kommt der strebende Mann nie „auf den grünen Zweig".

„Du mußt wieder heiraten!" hatte Lorenz oft zum Bruder gesagt, wenn dieser klagte, daß so viel in der Wirtschaft draufgehe. „Was wäre aus mir geworden, wenn ich keine Frau genommen hätte? — Und auf Deinem großen Gute geht's ja gar nicht anders!"

„Ach, das wird mit einer zweiten Ehe nichts!" schüttelte dann Jochen abweisend den Kopf. „Ich bin ja auch schon bei Jahren und kann, — na, geradezu gesagt! — einer anderen wie meiner seligen Elise nicht gut sein!"

„J, schwärmen wie ein Jüngling brauchst Du auch nicht!" sprach der praktische Bauersmann begütigend. „Du nimmst ein nicht zu junges Mädchen oder eine Witwe, die wirtschaftlich und kinderlieb ist. Das andere wird sich dann schon von selber finden."

„Eben das andere findet sich nicht von selber!" wiederholte der Witwer die Redewendung des Bruders. „Wenn zwei hernach sich in einander getäuscht sehen, ist's besser, jeder bleibt für sich!"

„Du mußt nicht das Ungünstigste voraussetzen!" entgegnete der Landmann. „Finden würde sich ohne Zweifel eine passende Frau für Dich. Schau Dich doch nur mal ernstlich danach um!"

Joachim sah nachdenklich vor sich nieder. „Ich habe keinen Glauben daran!" stieß er endlich hervor.

Etliche Tage später hatte der Oberstwachtmeister in Stendal zu thun. Er wollte eigentlich am selben Abend nach Könnigde zurück, ward aber wider Erwarten genötigt auch noch die Nacht fortzubleiben.

Die beiden lebenslustigen Wirtschaftsmamsells benutzten die Gelegenheit, während der Abwesenheit ihres Herrn in einem benachbarten Dorfe ein Tanzvergnügen zu besuchen. Als sie am frühen Morgen heimkehrten, waren Diebe in die Vorratskammer eingebrochen und hatten alles, Fleisch, Wurst, Eier, Brot, Mehl und so weiter mitgenommen.

Verschwiegen konnte dem Gutsherrn der Diebstahl nicht bleiben. Weinend gestanden daher die leichtsinnigen Dirnen ihr Vergehen. Herr Hennigs hielt den reumütigen Sünderinnen eine derbe Strafpredigt, wobei er dermaßen in Aufregung geriet, daß die Armen fortwährend in Furcht schwebten ein paar Rückenstreiche zu empfangen.

„Hin an Eure Arbeit!" donnerte er ihnen schließlich zu. „Treffe ich Euch noch einmal auf solcher Fährte, soll Euch der Kuckuck holen!" Wie der Wind stoben die Mädchen davon.

„Lorenz hat recht! Es geht so nicht weiter!" brummte der Gutsherr vor sich hin. „Es muß doch eine Frau ins Haus!" —

Ganz wider Erwarten bald sollte dieser nur schwer gefaßte Beschluß zur Ausführung kommen.

Kurfürst Friedrich Wilhelm hatte die Absicht, sich nach längerer Pause einmal wieder dem Vergnügen der Hochwildjagd in der Letzlinger Heide hinzugeben. Es war Anfang Oktober, das Wetter noch herbstlich schön und der Wildstand in den großen Revieren, wie die Forstbeamten nach Berlin berichtet hatten, ein ganz ausgezeichneter.

Während des dreißigjährigen Krieges war das Wild in der Letzlinger Heide fast ausgerottet; denn feindliche sowohl wie freundlich gesinnte Soldaten fingen und schossen die Rehe ganz nach Belieben. Wehe dem Förster, der es versucht hätte, die Freischützen an ihrem Thun zu hindern: er wäre selber für die Kugel reif gewesen. Das schöne Jagdschloß mit seinen stattlichen Mauern und Türmen verfiel und verödete. In seinen Räumen hatte Prinz Friedrich Wilhelm einst im zarten Alter Unterkunft erhalten, als Berlin nicht mehr die nötige Sicherheit für die Familie des Herrschers bot. Aber des Krieges Stürme erreichten auch dieses stille Asyl dichter Wälder: im Jahre 1626 schon besetzten lüneburgische Truppen das Schloß und nahmen auch wohl das Beste mit sich.

Viele Gutsangesessene der Altmark waren vom Kurfürsten zum Jagdvergnügen entboten. Herr Oberstwachtmeister Joachim Hennigs gehörte nicht zu den letzten der vom Landesherrn mit einer Einladung Beehrten.

Die Reise von Könnigde nach Letzlingen nahm einen vollen Tag in Anspruch; denn die Wege dahin waren in denkbar traurigstem Zustande. Im Walde fehlte sogar streckenweise jede Bahn.

An ein bequemes Logieren in dem ärmlichen Walddörfchen war damals nicht zu denken. Der Ort wies wohl eine Schenke auf; aber sie glich vollständig einer Spelunke und diente hauptsächlich als Zusammenkunftsstätte der Wilddiebe, die dort nächtlicherweile ihre Jagdpläne und Streifereien berieten. — Jochen Hennigs als Gast des Kurfürsten genoß die Auszeichnung, in einem großen, unter dicht belaubten Bäumen aufgeschlagenen Zelte mit zahlreichen anderen Kavalieren übernachten zu können.

Am Abend vor der Eröffnung der Jagd war der Oberstwachtmeister in seinem planüberzogenen Wägelchen, wie sie zu jener Zeit selbst von Standespersonen benutzt wurden, in Letzlingen eingetroffen. Das schöne Wetter des Tages verwandelte sich aber zum großen Leidwesen der vielen, zum Teil weit hergekommenen Leute in das übelste Gegenteil. Es regnete bei Eintritt der Dämmerung recht unangenehm.

Herr Hennigs ließ den Kutscher direkt in den Wald fahren, um sich in das Zelt zu begeben. Pferd und Wagen sollten unter dem Schutzdache der großen Eichen stehen bleiben.

Mühsam polterte das Gespann vorwärts. Oft versanken die Räder bis zur Hälfte in den lehmigen Erdboden.

Da, an einer Wegebiegung, sah Joachim einen offenen Einspänner, in dem ein älterer Herr und eine dicht verhüllte Dame unter den Bäumen Schutz gegen das Unwetter suchten.

„Ach, ich triefe schon förmlich!" hörte der Oberstwachtmeister eine weibliche Stimme klagen.

„Muß der Tag noch so enden!" grollte der Mann. „Margarete, hülle Dich nur dicht in die wollene Decke!"

„Beabsichtigen Sie denn dort zu übernachten?" fragte Herr Hennigs mitleidig unter seinem Linnendache heraus.

„Wir müssen wohl!" antwortete kläglich die weibliche Person; „denn selbst in der elenden Schenke im Dorfe ist alles überfüllt."

„Wenn ich Ihnen mit meinem Wagen dienen kann," sagte der biedere Gutsbesitzer zuvorkommend, „so wollen Sie darüber verfügen. Die Decke ist wasserdicht und Raum für zwei Personen vollständig vorhanden!"

„Das können wir unmöglich annehmen!" erwiderte die Dame höflich. „Die Unterkunftsstätte brauchen Sie doch selber."

Dabei zog sie das Tuch vom Kopfe, und ein hübsches Gesichtchen mit dunklen, lebhaften Augen kam zum Vorschein.

Der ehemalige Offizier war vom Wagen gesprungen und trat, höflich den Jagdhut lüftend, an die beiden Fremden heran.

„Für mich hat's keine Not!" sagte er freundlich. „Sie können unmöglich hier in dem greulichen Wetter die ganze Nacht verharren."

Gegenseitig wurden jetzt die Namen genannt, und Joachim erfuhr, daß er einem Herrn Striepe aus Vinzelberg und dessen Tochter Margarete Quartier verschafft habe.

Die Dame mochte etwa achtundzwanzig Jahre alt sein. Sie war, wie Herr Hennigs aus dem Laufe des weiteren Gesprächs hörte, nicht verheiratet.

Vater und Tochter nahmen schließlich, als sie vernommen, daß ihr Wohlthäter im Kavalierzelte übernachte, das gemachte Anerbieten gern an.

Der kommende Tag brachte das schönste Wetter. Schon früh am Morgen brach der Kurfürst mit seinen geladenen Gästen zur Jagd auf. Brandenburgs Herrscher trieb das edle Weidwerk noch nach althergebrachter Manier. Unter Hussaruf und Waldhornklang ging's in die Reviere. Dazu das Geläut der Meute — das Knallen der Schüsse; — das war Weidmannslust! — Nahm ein verwundeter Eber den Schützen an, so hatte der letztere die Saufeder zur Hand, womit er sich seiner Haut wehren mußte.

5*

Erst gegen Abend trafen Herr Striepe und Tochter ihren freundlichen Quartiergeber wieder. Der Herr Oberstwachtmeister hatte nächst dem Kurfürsten die meisten Eber erlegt, und beim Hallali wurde dies laut verkündet.

Gern überließ Joachim seinen Wagen den Obdachlosen noch eine Nacht. Am andern Morgen wollten alle drei in Gemeinschaft über Gardelegen wieder heimfahren.

Aus allen Städten der Umgegend, hauptsächlich aber aus Magdeburg, hatten sich Händler in Letzlingen eingefunden, um das Wild anzukaufen. Nach der wiedererstandenen Elbstadt gingen allein mehrere Fuder Hirsche und Wildschweine ab. Im westfälischen Frieden war dem Kurfürsten die Anwartschaft auf das einstige Erzbistum Magdeburg erteilt worden; die Stadt weigerte sich indessen Jahr um Jahr, brandenburgisch zu werden. Später (1666) brach Friedrich Wilhelm diesen Trotz durch eine unter General von Sparr abgesandte bedeutende Armee. An diesem kampflosen Feldzug hatte auch der Oberstwachtmeister Hennigs teilgenommen.

Nur einen Tag dauerte die Jagd in der Letzlinger Heide. Schon am Abend und noch mehr am andern Morgen zogen die zahllosen Zuschauer, die alle den Kurfürsten sehen wollten und auch sahen, nach allen Windrichtungen wieder heim.

„Das Wetter ist so prachtvoll, und der Wald sieht so goldig schön aus!" sagte der alte Herr Striepe beim Aufbruch zu seinem zuvorkommenden Wirte; „Sie dürfen es uns nun auch nicht abschlagen, in unserem offenen Wagen mit Platz zu nehmen. Da können wir noch recht gemütlich mit einander plaudern!"

Joachim nahm die Einladung mit Freuden an. Er hatte sie sogar, wie er sich im stillen selber gestand, gewünscht. — Weshalb? Das wußte er selber nicht.

Unterwegs lernte der Gutsherr von Könnigde Fräulein Margarete Striepe als eine äußerst liebenswürdige und angenehme Dame kennen.

Drei Stunden fuhren die Wagen bis Gardelegen.

Die Zeit verging dem Oberstwachtmeister ungemein schnell. Er hatte den Platz neben dem hübschen Mädchen eingenommen und ließ es sich angelegen sein, die heitere Nachbarin nach Kräften zu unterhalten.

Bei der Trennung der Reisenden erfolgten in freundlichstem Tone gegenseitige Einladungen zu baldigem Besuch. Herr Hennigs machte zuerst Gebrauch davon. Schon nach Verlauf einiger Wochen ritt er nach Vinzelberg, und diese Besuche wiederholten sich dann schnell und oft.

Ganz überrascht war aber ganz Könnigde, als bekannt wurde, daß der Herr Oberstwachtmeister sich mit Fräulein Margarete Striepe verlobt habe.

Lorenz freute sich am meisten über des Bruders Entschluß. „Jochen," sagte er eines Tages in plattdeutscher Sprache, „dat hast Du recht moakt! Wenn Du erst wer'r freet hast, bist Du 'n ganz annern Minschen un lang nich mehr so wrägelich aß süß!"*)

Jochen lachte. Um Weihnachten aber zog Margarete als junge Frau in Rittergut Könnigde ein.

Fast das ganze Dorf feierte die Hochzeit mit.

V.

In Könnigde herrschte Glück und Frieden. Joachim hatte in der zweiten Ehe das wiedergefunden, was ihm der Tod durch den Heimgang seiner Elise genommen. Blühende Kinder erhöhten die Freude des Gatten, und außer dem militärischen Spaziergange nach Magdeburg war der Herr Oberstlieutenant — dazu hatte der Kurfürst seinen getreuen Paladin ernannt — bei keiner Campagne gewesen. Brandenburg stand mit dem Kaiserhause auf leidlich gutem Fuße. Friedrich Wilhelm unterstützte das Wiener Kabinet durch ein paar tausend Mann Truppen,

---

*) Das hast Du recht gemacht! Wenn Du erst wieder gefreit hast, bist Du ein ganz anderer Mensch und lange nicht mehr so verdrießlich als sonst!

da Leopold I. schweren Krieg mit den Türken in Ungarn zu führen hatte.

Hennigs' beide Söhne erster Ehe standen als Offiziere in der brandenburgischen Armee, Sophie aber war an einen Herrn Peters in Vollenrade verheiratet.

Deutschlands ewige Zerrissenheit und Kleinstaaterei ist von jeher von Frankreich ausgenutzt worden. Die Hand Ludwigs XIV. lastete wieder fortdauernd mit unerträglicher Schwere auf Brandenburg und Deutschland. Kurfürst Friedrich Wilhelm aber gedachte die Eingriffe Frankreichs in die Rechte des Deutschen Reiches nicht mehr gleichgültig aufzunehmen. Er vereinigte sich mit Holland und wußte auch endlich den Kaiser zu bewegen, Truppen an den Rhein zu senden. Allein der mehrjährige Krieg wurde fast ohne allen Erfolg geführt.

Joachim Hennigs war dem Rufe seines Kriegsherrn als braver Soldat gefolgt. Im Mörnerschen Dragonerregiment bekleidete er die Charge eines Oberstlieutenants. Waren in dem verzweifelten Kriege auch gerade keine großen Lorbeeren zu erwerben, der schlaue und gewandte Reiterführer aus der Altmark fügte den Franzosen doch unendlich vielen Schaden zu. Unzählige Proviantzüge des Feindes fielen in seine Hände, und mit einer Schnelligkeit und Verschlagenheit vollzog er seine Coups, daß es oft schien, als ob der kühne Haudegen mit seinen todesmutigen Reitern an zwei Stätten zu gleicher Zeit auftauchte.

All diese kleineren Streifereien konnten aber selbstredend keinen Einfluß auf den Gang des ganzen Feldzuges ausüben. Der französische Marschall Turenne wußte nur zu gut, daß er nicht viel zu befürchten hatte: in Wien hieß es: „Neben das ungezähmte wilde Roß Brandenburg muß ein anderes gezähmtes und gelindes gespannt werden, um jenes von allzu wilden Bewegungen zurückzuhalten."

Schließlich mußte Friedrich Wilhelm sein Heer, ohne einen nennenswerten Erfolg gewonnen zu haben, zurückziehen. Alle ihm erst in Aussicht gestellte Hilfe blieb aus, selbst Holland kam seinen Verpflichtungen nicht nach. So schloß der schmählich im Stich gelassene, echt deutsche Fürst schweren Herzens am 16. Juni 1673 zu Vossem, einem kleinen Dorfe bei Löwen, mit den Franzosen Frieden. Der Kurfürst hatte es sich indessen wohlweislich vorbehalten, in dem Falle, daß es mit dem Deutschen Reiche und den Franzosen zu einem offenen Kriege kommen sollte, nach seinem Ermessen daran teilnehmen zu können.

Am 21. Juni 1674 vereinigten sich Spanien und die Niederlande, Österreich und Brandenburg und mit dem letzteren das ganze Deutsche Reich gegen das ländergierige Frankreich.

Noch in demselben Jahre drangen Österreicher unter Bournonville und Brandenburger, 18—20000 Mann stark, geführt von Friedrich Wilhelm, nach dem Elsaß vor. Der Kurfürst konnte indessen, gehemmt wie früher, trotz seiner stattlichen Armee nichts ausrichten. Alle Pläne, welche er entwarf, mißbilligte der oberste Feldherr seines Verbündeten. Was nützte es dem Kurfürsten unter solchen Verhältnissen, daß seine Armee der des Marschalls Turenne im Elsaß bedeutend überlegen war?

Der französische Oberbefehlshaber kannte die Verhältnisse seiner Gegner ganz genau, und er nutzte sie folgerecht nach Kräften aus. Bei Ensisheim hatte er Bournonville aufs Haupt geschlagen und erschreckte überhaupt die Verbündeten fortwährend durch überraschende Märsche und Angriffe.

Hierbei fand Turenne aber sehr oft in dem Retterführer Hennigs einen ebenbürtigen Feind.

So spärlich auch im großen Ganzen die urkundlichen Nachrichten über den berühmt gewordenen altmärkischen Bauernsohn sind, manche seiner Heldenthaten hat die Geschichte doch aufgezeichnet.

Am 4. Oktober 1674 lagen die über den Rhein gegangenen Brandenburger in der Schönau bei Straßburg. Da heißt es eben in einem noch heute vorhandenen Bericht: „An diesem Tag kommt (kam) der Oberstlieutenant

Hennigs von einem Streifzuge zurück, auf welchem er 300 französische Pferde geschlagen."

Weiter ist unterm 11. registriert worden:

„Diesen Tag zog der Oberstlieutenant Hennigs nach Chavonne aus, wo er eine Partie Franzosen schlug, in die Thore von Chavonne jagte und einige Gefangene machte." Ferner hieß es in der Relation: „täglich seien Unternehmungen vorteilhafter Art gegen den Feind gemacht worden, unter anderm eines Tages, als der Oberstlieutenant den Feind schlug, welcher durch drei Kapitäns angeführt war, von denen zwei, ein Baron Wachtmeister, ein Schwede, und ein anderer, Namens Beauchamp, getötet wurden."

Nicht wenig Heiterkeit hat es im letztverflossenen französischen Feldzuge bei den deutschen Soldaten erregt, die Ausstattungsgegenstände eines feindlichen Offiziers durchmustern zu können. Da fehlten Haaröle, Pomaden, Seifen und Bartwachs nicht; Parfümerien, Spiegel, Scheren, Puder, Spielkarten und hundert andere Dinge füllten die Kofferchen der Herren Lieutenants. Noch ärger war es aber bei den Armeen des siebzehnten Jahrhunderts. Im Wallensteinschen Heere hielten sich Hunderte von Soldatenweibern auf, die mit den Regimentern hin und herzogen und zur sittlichen Zucht und Ordnung des Militärs gerade nicht beitrugen. Als die Truppen Ludwigs XIV. in Deutschland einfielen, führten sie vollständige Theatergesellschaften mit sich. Im Felde wurde Komödie gespielt; transportable Kegelbahnen mußten den Offizieren Zeitvertreib gewähren, und was es sonst noch für Zerstreuungen gab. Ein französisches Lager damaliger Zeit glich allem möglichen eher als einer militärischen Halte- und Raststätte. — —

Dem Oberstlieutenant Hennigs war unverhofft von französischen Überläufern die Nachricht hinterbracht, daß er bei geschickt angelegtem Überfall und der nötigen Vorsicht einen reichen Fang machen könne. Auf etlichen Wagen — so erzählte der Überläufer — werde in später

Abendstunde des folgenden Tages viele wertvolle Bagage von Chavonne aus weiterbefördert werden. Die Sachen sollten einem hohen französischen Offizier gehören. Man hielt sie in der Nähe des Feindes für gefährdet.

Joachim steckte einen seiner Dragoner, welcher als Handwerksgeselle längere Zeit in Paris geweilt hatte und gut französisch sprach, in Bauernkleidung und trug ihm auf, der Sache an Ort und Stelle nachzuspüren. Der verschmitzte Reiter kam denn auch am anderen Morgen zurück und bestätigte die hinterbrachte Nachricht. „Es handelt sich," vervollständigte er seinen Rapport, „um das ganze Silberzeug des reichen Marschalls Crequi."

„Wird die Begleitung des Wagens eine sehr starke sein?" fragte Hennigs den Kundschafter.

„Nein!" antwortete der Dragoner. „Mir hat ein Sergeant beim Glase Wein erzählt, daß man, da die Gespanne ja landeinwärts führen, nur ein Dutzend Reiter mitsenden werde."

Ein Blick auf die Landkarte lehrte, daß man dem Convoi nur durch einen Seitenangriff beikommen konnte. Es war Gebiet zu passieren, in dessen nächster Nähe Detachements des Feindes lagen.

Trotzdem beschloß der kühne Reiterführer den Überfall. Der Kommandeur des Regimentes wollte freilich nicht recht in das Unternehmen willigen. „Sie riskieren, Kamerad," sagte Herr von Mörner warnend, „samt und sonders in die Pfanne gehauen oder gefangen genommen zu werden, und unser durchlauchtigster Kurfürst würde mir in jedem dieser Fälle gerade keine Lobrede halten. Der hohe Herr giebt große Stücke auf Sie!"

„Um so erfreulicher wird das Gelingen sein. Ich habe so meinen Plan, und der darf nicht versagen!"

Endlich ließ sich der Oberst bewegen. „Nur seien Sie vorsichtig und wagen Sie nicht zu viel!" vermahnte er den Ungestümen.

„Hat keine Not!" lachte dieser. „Wir kennen ja das Metier. Morgen Nacht treffen wir wieder ein."

In aller Stille wurden vierzig der besten Reiter ausgewählt. Der Oberstlieutenant und noch ein Offizier setzten sich an die Spitze und verließen das Lager.

Vorsichtig nahten sich die Brandenburger dem vom Feinde okkupierten Terrain. So viel wie möglich schlugen sie aber Waldwege ein. Der Elsässer Landwirt hatte ebenfalls ein Pferd bestiegen und führte die Kolonne.

„Diese Straße müssen sie passieren!" sagte der ortskundige Mann, als der Zug am Spätnachmittage auf einem von Eichen und Buchen eingefaßten Wege dahinschritt.

Hennigs musterte aufmerksam die Gegend. Von beiden Seiten zog sich wohl an zwanzig Fuß breit dichtes Haselgebüsch unter dem Hochwald dahin. „Wenn jenseits des Unterholzes ein paar freie Plätze sind," wendete er sich an seinen Lieutenant, „wäre der Platz wie zum Überfall geschaffen."

Die beiden Offiziere stiegen ab, gaben ihre Pferde der Mannschaft und rekognoszierten den Platz nach allen Richtungen.

„Alles wie gewünscht!" meinte der Oberstlieutenant, sich die Hände reibend. „Nun Glück zu!" — auf jeder Seite der Straße postierte er zwanzig Mann, die absitzen und sich hinter dem Gebüsch verborgen halten mußten.

„Nicht unnütz geschwatzt!" befahl der Kommandierende. „Es mag noch einige Stunden dauern, bis der Zug ankommt; dann aber drauf und dran!"

„Ist denn was zu verdienen, Herr Oberstlieutenant?" wagte ein schnauzbärtiger Sergeant zu fragen.

„Möglicherweise bekommt der Mann fünf Thaler, wenn der Coup gelingt!" erklärte der Reiterchef.

„Fünf Thaler?" wiederholte der Grimmbart. „Das giebt lustige Tage!"

„Nun aber das Maul halten!" herrschte der Vorgesetzte den ewig Durstigen an, und man hörte dann nichts mehr als das träumerische Rauschen des Waldes.

Sechs Mann nach jeder Seite hin hatte der erfahrene

Leiter der Expedition als Reserve etwas weiter in den Wald geschickt. „Ihr kommt erst dann herangesprengt," instruierte Hennigs die Ungeduldigen, „wenn ich Euch besonders rufe!"

Allmählich wurden die Schatten der Bäume länger. Bald spielten die Sonnenstrahlen nur noch in den Wipfeln der mächtigen Eichen, bis sie auch dort oben verschwunden waren.

Öde und wie ausgestorben lag die Landstraße da. Einmal war ein Bauersmann an dem Hinterhalte vorübergegangen. Die Soldaten schienen aber ihr Versteck sehr gut gewählt zu haben; denn der einsame Wanderer ging harmlos, ein Liedchen pfeifend, ohne irgend welche sichtbare Erregung an der gefährlichen Stelle vorüber.

Auf dem Waldboden lagerte das gelbe Laub in dichter Schicht. Es war in den letzten Tagen des Oktober und der Herbst mit Macht in Wald und Feld eingezogen. Die Reiter mußten still stehen oder liegen, damit kein Knistern der trocknen Blätter sie verrate.

Joachim hatte sich an einen gewaltigen Stamm gelehnt und gedachte stumm der Seinen in der fernen Altmark. Margarete schrieb so lange nicht; ob sie krank war? Der Gedanke quälte den Familienvater.

Einzelne Wolken zogen langsam und schleppend dahin. Rosiges Abendrot hatte ihre Ränder umsäumt. Die Luftgebilde schwebten gen Nordost: dorthin führte ja der Weg nach der Heimat.

Der lose Wind war eingeschlafen, und kein Laut unterbrach das Schweigen; nur eine Quelle gluckerte lind und leis aus dem Gehege daher. Allgemach senkte sich der Abend hernieder, und kühl hauchte der Herbst durch den Wald. Aus blauem Himmelsduft stieg der Mond empor und hängte silberne Strahlen in die Zweige und auf alle Höhen; alle Gründe schwammen und schimmerten in magischem Licht.

„Wenn der Landmann sich nur nicht irrte oder getäuscht ist," sagte nach langer Pause des Schweigens flüsternd der Lieutenant zu dem schon vorhin erwähnten Sergeanten. „Da können wir am Ende hier bis Weihnachten stehen und warten. Es ist bereits acht Uhr und noch nichts von einem Zuge zu hören und zu sehen."

„Wird schon noch kommen, Herr Lieutenant," antwortete der Bramarbas. „Die Arbeit ist ja in einer Viertelstunde gemacht."

Während Hennigs die rechtsseitige Kolonne unter seinem Kommando hielt, hatte er dem Kameraden den Befehl über die gegenüber befindliche Mannschaft gegeben.

Es war eine harte Geduldsprobe für die mutigen Reiter, stundenlang auf dem einen Platze ausharren zu müssen. Endlich ward aus der Ferne Pferdegetrappel laut, und bald darauf ließ sich aus der Ferne auch das surrende Rollen von Wagenrädern hören.

Die Dragoner wagten kaum zu atmen. Da bog um den nicht sehr fernen Wegesknick ein offener Einspänner; ihm voraus trabten vier Reiter.

Was der Wagen enthielt, war nicht recht zu erkennen, es schienen aber Personen darin zu sitzen. Dem Gefährt folgten ebenfalls mehrere Kavalleristen, und nun erschienen noch zwei Wagen auf der Bildfläche, die inmitten einer ziemlich starken Bedeckung daher gefahren kamen. Den Schluß bildeten gleichermaßen berittene Soldaten.

Als der Zug völlig herangenaht, saßen die Brandenburger bereits im Sattel. Deutlich konnte Hennigs im Mondeslicht erkennen, daß sich zwei allem Anscheine nach höhere Offiziere in der Chaise befanden.

„Drauf und dran!" donnerte es mit einem Male, weithin schallend, durch den stillen Wald.

Wie das Ungewitter fuhren die Dragoner aus ihrem Versteck hervor. Im Nu hatten sie den Transport umzingelt. Ganz verblüfft stutzten die Franzosen. Es mußte ihnen wohl geradezu unnatürlich erscheinen, daß sie hier auf einen Feind stießen. Dann aber rissen sie ebenfalls die Säbel aus der Scheide, und es entstand ein wütendes Handgemenge.

"Au combat! — A la victoire!" munterte ein ungemein beweglicher Kapitän die Seinen auf. Aber die Dragoner trugen Kürasse und Eisenhauben, so daß die meisten der Streiche an den Panzern abprallten.

Jetzt war auch der Nachtrab an die Wagen herangeritten und nahm an dem Gefecht teil.

Die Überläufer hatten sich in der Zahl der Bedeckung sehr geirrt. Siebenzig bis achtzig Franzosen waren tollkühn von etwa dreißig kurfürstlichen Reitern angegriffen.

Das ungleiche Zahlenverhältnis fing an, sich bald bemerkbar zu machen. Trotz aller Bravour konnten Hennigs Leute keinen Vorteil erringen. Joachim, auf einem schäumenden Schlachtroß sitzend, war mitten im Handgemenge. Hoch ragte sein wallender Helmbusch aus dem Knäuel hervor, und sein blanker Brustpanzer schillerte im gedämpften Mondlicht. Er hatte sich den feindlichen Kapitän ausgesucht und zwang denselben zur Gegenwehr.

Der Franzose focht sehr gewandt, Hennigs mit weit überlegenen Kräften. Da sauste schließlich ein furchtbarer Hieb auf den nur schwächlichen Rittmeister hernieder. Sein Gegner hatte die Parade durchschlagen, und der Franzmann sank, tödlich am Kopf getroffen, vom Pferde.

"Mon Dieu! Je suis perdu!" stöhnte er. "Protégez ma brave épouse et mes pauvres enfants!"

Nun hielt der Oberstlieutenant es für die passendste Zeit, seine Reserve anrücken zu lassen. "Dragoner rechts und links zur Attacke vor!" kommandierte er mit Löwenstimme. Und die Reiter sausten unter Hurrarufen aus dem Busche hervor, sofort wütend auf die Bedeckung einhauend.

Die Franzosen, der Ansicht, sie würden von einer vollen neuen Schwadron angegriffen, gaben allen Widerstand auf und stoben unter dem Geschrei: "Sauve qui peut!" über Hals und Kopf davon. Auch der Einspänner rollte nun im vollen Jagen auf der Landstraße fort.

Die Brandenburger hatten ihren alten Tapferkeitsruhm von neuem bestätigt. Allerdings waren mehrere Kameraden verwundet, einige sogar schwer. Dafür lagen aber zwölf bis fünfzehn Franzosen tot oder blessiert auf dem Erdboden.

„Die Canaillen haben sich wie die Teufel gewehrt!" schalt der grimmbärtige Sergeant und suchte mit dem Ärmel das von der Stirn herunterriefelnde Blut zu stillen. „Fast hätte ich diesmal ins Gras beißen müssen, wenn unser Herr Lieutenant mir nicht zur rechten Zeit noch zu Hilfe kam!"

„Ihr hattet ja auch drei Mann gegen Euch, Murrfeld!" sagte der Offizier belobigend. „Da mußte ich doch schon wenigstens einen auf meine Rechnung nehmen."

„Das danke ich Ihnen auch, Herr Lieutenant!" entgegnete der alte Berufssoldat anhänglich. „Der kleine Aderlaß ist vielleicht besser als alle Mittel unseres Regiments=Feldschers. Indes einen furchtbaren Durst bekomme ich danach."

„Das wäre wirklich das erste Mal!" lachte der Vorgesetzte. „Vielleicht finden wir schon auf einem der Wagen etwas zur Herzstärkung."

Der Oberstlieutenant kam jetzt herangeritten und belobte seine Leute wegen ihrer ausgezeichneten Haltung beim Kampfe.

„Wer saß in dem kleinen Wagen?" fragte er einen der am Wege liegenden verwundeten Franzosen.

„Monsieur le maréchal de Crequi!" antwortete prompt der Gefragte.

„Der Marschall in eigener Person?" rief Hennigs verwundert aus. „Den hätten wir eigentlich fangen müssen."

„Wollen mir der Herr Oberstwachtmeister zwölf Mann bewilligen, so hole ich den tapferen Ausreißer zurück!" sagte der Sergeant voll Humor und drückte von neuem den Ärmel auf die blutende Wunde.

„Das wäre denn doch zu wagehalsig!" winkte der Vorgesetzte mit der Hand.

„Ich glaube sogar, der Feind wird Succurs holen!" meinte der Lieutenant, „und dann steht unsere soeben erst gemachte Beute wieder auf dem Spiele."

Nun wurden die Wagen auf ihren Inhalt untersucht. In Kisten und Kasten war prachtvolles Silbergeschirr sorgsam verpackt. Auch eine nicht unbedeutende Quantität Marzipan und gegen fünfzig Flaschen Wein kamen bei der Durchmusterung zum Vorschein.

Den letzteren und das Zuckerbackwerk verteilte man sofort an die Mannschaft. „Hilft besser wie Medizin!" meinte der unverwüstliche Sergeant und setzte eine entkorkte Flasche an den Mund. „So etwas Gesundes pflegt kein Doktor zu verschreiben, und es ist immer das Richtigste."

„Aber nur einen Eßlöffel voll!" drohte scherzend der Lieutenant mit dem Finger.

„Die Sache würde zu lange dauern!" entgegnete Murrfeld. „Viel hilft auch viel." Und damit trank er die ganze Flasche leer.

VI.

In aller Stille hatte Ludwig XIV. mit Karl XI., König von Schweden, ein Bündnis geschlossen und den letzteren bewogen, im Dezember des Jahres 1674 in das brandenburgische Gebiet einzufallen. 16000 Schweden, die unter dem Befehle des Generalfeldmarschalls Gustav von Wrangel standen, breiteten sich plündernd und sengend über die wehrlosen Marken aus. Stargard, Landsberg, Neustettin, Krossen und Züllichau, Wriezen und Ruppin fielen in ihre Hände. Es stand ihnen somit der Weg nach Berlin offen.

Kurfürst Friedrich Wilhelm, welcher noch zweimal Gelegenheit hatte, die Unzuverlässigkeit seines Verbündeten Bournonville kennen zu lernen, ging endlich kampfesmüde über den Rhein zurück und bezog in und um Schweinfurt Quartier. Dort empfing der mißmutig gewordene Fürst durch einen Expreß=Sendling die Nachricht von dem räuberischen Einfalle in seine Lande.

Im ersten Augenblicke zuckte der tapfere Mann jäh zusammen. Er gedachte seines armen Volkes, das sich erst langsam und mit Mühe von den Greueln des Krieges erholt hatte und nun von neuem den Mißhandlungen und Erpressungen einer zügellosen Soldateska ausgesetzt war. Doch schnell ermannte sich der kühne Held. „Das kann den Schweden Pommern kosten!" rief er verheißungsvoll. — Am Rheine waren keine Lorbeeren zu erringen. Wenn Friedrich Wilhelm den nutzlosen Krieg mit Frankreich aufgab und seinen bedrängten Marken zu Hilfe zog, so hatte ihm da niemand hineinzureden. Sofort ward der Gedanke zum Entschluß. „Auf nach Brandenburg!" so klang es in seinem Herzen wieder.

An den Statthalter schrieb der Kurfürst, er bedauere das Schicksal seiner Unterthanen; indessen solle man den Feind nicht reizen, sondern so lange in Geduld verharren, bis er mit seiner ganzen Macht zu Hilfe kommen könne.

Bedächtig und überlegsam bereitete der Monarch seinen Plan vor. Er schrieb an die Kabinete, wie bös man ihm mitspiele, und erreichte es auch, daß Schweden von fast allen Mächten als arger Friedensstörer angesehen wurde. Als er diesen diplomatischen Erfolg erzielt, sprach Friedrich Wilhelm die denkwürdigen Worte aus: „Die Schweden haben mir nichts mehr übrig gelassen als das Leben. Ich werde nun, so lange ich lebe, mich an ihnen zu rächen suchen, bis ich ihre Nachbarschaft los bin. Der Höchste wird mir geben, daß ich an dem Untergange meiner Feinde meine Lust sehe."

Im Juni brach der Kurfürst mit seinen Brandenburgern plötzlich auf. Über den Thüringer Wald ging es auf schlechten Wegen und bei ungünstigem Wetter in Eilmärschen bis Magdeburg. Dort blieb der größte Teil der Truppen stehen, und nur etwa 6000 Reiter und 1200 Musketiere, die auf Wagen fortgeschafft wurden, rückten bis Rathenow vor. Das war am 25. Juni.

Die Schweden ahnten nicht das Geringste von der Annäherung der erbitterten Brandenburger. Durch eine List drangen die kurfürstlichen Soldaten in die Stadt ein, und es kam zum heftigsten Straßenkampf. Derfflinger mit seinen Dragonern hieb alles, was sich ihm in den Weg stellte, nieder. Schon nach kurzem Ringen war Rathenow wieder frei und so das Zentrum der Feinde gesprengt.

Zweifellos hatte der Oberstlieutenant Joachim Hennigs Anteil an dieser kühnen That, wenn auch sein Name nicht speziell genannt wurde. Wo es sich um ein kühnes Wagnis handelte, pflegte der tapfere Altmärker nicht zu fehlen.

Aber ein weiteres Unternehmen, das dem unerschrockenen Reiterführer am folgenden Tage aufgetragen wurde, ist geschichtlich verzeichnet. Hennigs empfing mit noch zwei höheren Offizieren den Befehl, Oranienburg, Kremmen und Fehrbellin vor den Schweden zu erreichen zu suchen, die Flußübergänge abzubrechen oder niederzubrennen und die Wege ungangbar machen zu lassen. Die Landbewohner halfen den Soldaten brav bei der Ausführung der Ordre. Joachim war gelegentlich dieses Zuges auf 160 feindliche Kürassiere gestoßen, die teils niedergemacht und teils gefangen genommen wurden.

Mochten die Schweden sich von den aufgebrachten Brandenburgern nichts Gutes vermuten, oder hielten sie es für die richtigste Kriegstaktik: sie suchten eine Schlacht mit dem Gegner möglichst zu vermeiden. Das Gegenteil wünschte aber der Kurfürst, der nach Vergeltung dürstete. Friedrich Wilhelm wollte eine Entscheidung, obwohl er über viel geringere Streitkräfte als der Feind verfügte. Die Zeit zum Kampfe auf Leben und Tod hielt er für günstig; denn augenblicklich befand sich der kriegserfahrene Feldmarschall Wrangel nicht bei der Armee. General Landgraf Friedrich von Hessen-Homburg hatte allerdings sehr viel auf seinen fürstlichen Kriegsherrn eingewirkt und ihm zum Kampfe geraten.

So kam es denn am Morgen des 28. Juni 1675 zu der mörderischen Schlacht bei Fehrbellin, die des Kurfürsten Kriegsruhm durch alle Lande verkündete. Der Tag war mit starkem Nebel angebrochen. Unter dem Schutz desselben gelang es den Brandenburgern, günstige Stellungen zur Vorbereitung des Hauptangriffs einzunehmen. Die Schweden standen zwischen den Dörfern Linum und Hackenberg, nicht weit vom Rhinfluß bei Fehrbellin. Beider Armeen Stärke wird so angegeben: Brandenburg 5600 Reiter mit 13 Geschützen (500 Musketiere trafen erst nach errungenem Siege ein). Die Dragonerregimenter hatten freilich doppelte Bedeutung: sie wurden bald als Infanterie und bald als Kavallerie benutzt. Die Schweden dagegen zählten 4000 Reiter, 7000 Fußsoldaten und 38 Geschütze. Es kamen also bei 1600 Reitern Übergewicht der Brandenburger 7000 Mann Fußsoldaten und 25 Geschütze mehr auf die Schweden. Das Zahlenverhältnis war also unbestreitbar für die letzteren ein ungemein günstiges.

Der Prinz von Hessen=Homburg hatte mit 1500 Reitern den Kampf eröffnet. Mutig hieben die Brandenburger auf den Feind ein, welcher vom Generallieutenant Wrangel, einem Stiefbruder des abwesenden Feldmarschalls, kommandiert wurde. Bald darauf erschien der Kurfürst persönlich und feuerte die Seinen zum Ausharren und zur Tapferkeit an. Von einem Sandhügel aus, der die Stellung der Schweden beherrschte, spieen die brandenburgischen Kanonen Tod und Verderben in die feindlichen Reihen. Zur Deckung der Geschütze waren die Dragonerregimenter Derfflinger und Bomsdorf abgesessen und hielten die umliegenden Gebüsche besetzt. Zu spät erkannte Wrangel, daß von der Behauptung dieses Postens alles abhing. Hier wurde der Kampf am heftigsten. Wohl ließ der schwedische Heerführer seine besten Regimenter zum Sturme auf den Hügel vorgehen, wohl drängte er die brandenburgischen Schwadronen zurück, aber sofort traten neue Scharen an deren Stelle, an ihrer Spitze der Kurfürst. „Getrost, tapfere Soldaten!" rief er ihnen zu. „Ich will Euch zum Siege führen oder ritterlich mit Euch sterben." Einen Augenblick war er im Handgemenge von schwedischen Reitern umzingelt; neun Dragoner hieben ihn wieder heraus.

Beide Armeen kämpften mit furchtbarer Erbitterung. Die physische Kraft war auf Seiten der Schweden, die moralische auf der entgegengesetzten. Mit gefällten Piken, die Musketiere fortwährend schießend, war das schwedische Regiment Dalwig gegen den verderblichen Sandhügel vorgegangen. Da, im Momente der höchsten Gefahr, stürzte Görzke mit seinen Reitern hervor und trieb den anstürmenden Feind zurück. Aber die Schweden wichen nur, um sich zu einem neuen Angriffe zu sammeln. Das ostgotische Kürassierregiment Baron Wachtmeister, eine wahre Mustertruppe, erhielt von Wrangel den Befehl, alles aufzubieten, um die brandenburgischen Geschütze zum Schweigen zu bringen.

Friedrich Wilhelm sah die Gefahr. Unverzüglich sandte er seinen General=Adjutanten mit der Ordre an den Oberst Mörner, die Geschütze zu verteidigen. In glänzender Attacke warfen sich die Brandenburger dem anstürmenden Feinde entgegen und hielten ihn fest. Ein fürchterliches Handgemenge entstand.

Da fiel Mörner und mit ihm zugleich der Kommandeur der schwedischen Kürassiere. Beide hatten sich im Kampfe gesucht und sanken gleichzeitig tot zur Erde.

Aber sofort sprengte der Oberstlieutenant Hennigs an die Spitze des Regiments und feuerte die Soldaten an, nicht zu wanken. Dem Ungestüm der brandenburgischen Reiter mußten die Goten weichen. Auch der Kurfürst hatte sich persönlich an die Spitze eines Dragonerhaufens gestellt. Das Schwert in der Faust führte Friedrich Wilhelm die Seinen in das dichteste Schlachtgetümmel. Hier war es auch, wo der Stallmeister Froben an der Seite seines Herrn, von einer Kanonenkugel getroffen, zu Boden sank und verschied.

Über den Kurfürsten schrieb später ein Mitkombattant: „Seine Augen schienen wie zwei feurige Kometen, woraus ein rechtes Heldenfeuer blitzte, sein Verhalten, seine Stimme und Gesicht, die Glut seiner hitzigen Aktion brachen in eine dermaßen edle und brennende Heftigkeit aus, daß er gleichsam außer sich selbst, weit über des Helden Charakter erhaben zu sein schien."

Hennigs hatte durch eine Abschwenkung die Kürassiere in der Flanke gefaßt. Er beachtete es nicht, daß eine Musketenkugel ihn am Schenkel verwundet hatte. „Drauf, immer drauf!" rief er den Seinen aufmunternd zu. Entsetzt warfen die noch übrig gebliebenen wenigen Kürassiere ihre Pferde zu wilder Flucht herum. Da zuletzt traf den tapferen Oberstlieutenant noch ein schwerer Pallaschhieb, und auch er sank bewußtlos vom Rosse.

Stundenlang wogte in solcher Weise der wilde Kampf auf und ab, bis endlich die Kraft der Feinde erlahmte und das Schlachtfeld in den Händen der Deutschen blieb. Gegen Mittag wichen die Schweden auf allen Punkten. Sie hatten dreitausend Mann an Toten und Gefangenen verloren und eilten nach Vorpommern zurück, wohin Feldmarschall Wrangel mit einer Abteilung schon vorausgegangen war. Wohlweislich ließ man die Besiegten ziehen, um nicht bei der vollständigen Ermattung der eigenen Truppen alles nochmals aufs Spiel zu setzen.

Friedrich Wilhelm nahm nach Beendigung des blutigen Kampfes inmitten seiner Truppen ein schlichtes Mal ein. Dann bestieg er in Begleitung zweier Adjutanten das Pferd und ritt das Schlachtfeld noch einmal ab. An einem wahren Berge von Leichen, meistens Schweden, hielt der Kurfürst an; denn er sah, wie ein brandenburgischer Offizier sich mühsam aufzurichten suchte und ihm die Hand entgegen streckte. Es war der tapfere Hennigs, welcher seinen obersten Kriegsherrn in nächster Nähe gewahr wurde. „Hennigs, bist Du es denn, dem man so bös mitgespielt?" fragte Friedrich Wilhelm freundlich, als er seinen getreuen Paladin erkannte. „Wo ist denn nun der Schwede?"

„Den habe ich im Felde tüchtig getroffen!" antwortete, sich mit Gewalt emporhebend der schwer Verwundete.

„Dann sollst Du auch fortan Hennigs von Treffenfeld heißen!" rief der Kurfürst und sprengte davon.

Streng geschichtlich wird dieser Hergang für nicht gerade bewiesen erachtet; es spricht aber doch mancherlei für die Wahrscheinlichkeit; denn das noch vorhandene Adelsdiplom, welches Joachim Hennigs später ausgefertigt erhielt, trägt wirklich das Datum der Fehrbelliner Schlacht.

Hennigs von Treffenfeld wurde von seinem dankbaren Fürsten außerdem zum Oberst ernannt und ihm das Kommando über das Mörnersche Regiment gegeben. Dem Nobilitierungsbriefe nach zu schließen nahmen auch die beiden Söhne des tapfern Altmärkers an der mörderischen Schlacht des 28. Juni teil.

Ein sonderbares Licht wirft es auf die damalige Zeit, daß der Kurfürst es für nötig hielt, eine „Pön von 2000 Gulden Ungarisch" darauf zu legen, wenn jemand den neuen Ritter — wie wir heute sagen würden — „nicht für voll ansehe."

Allmählich traf auch der Nachtrab der brandenburgischen Armee ein, und nun ging es an ein flottes Verfolgen der fliehenden Feinde.

Erleichtert atmeten die armen Leute in den Marken auf, als die Schweden endlich vertrieben waren. Geradezu tierisch hatten die rohen Horden Wrangels gehaust. In einem dem Kurfürsten aus Ruppin gesandten Berichte heißt es u. a.: „Wir sind, gottlob! unsere Gäste wieder los. Die ganze Stadt ist ausgezehrt. Dreimal hat man unsere Häuser durchsucht, daß ja nicht etwas übrig bleiben möchte. Das Korn ist von einem hohen Offizier zu Bier und Brot vermarketendert worden. — Unsere Kirche hat sich mit 700 Reichsthalern von dem Generallieutenant Wrangel loskaufen müssen. Der Sekretär hat über Gedachtem für sich noch fünfzig Reichsthaler bekommen. Etliche Häuser sind ganz ausgeplündert und zerstört, und viele Bürger, die nicht Geld haben geben wollen oder können, sind jämmerlich mit Stricken um den Kopf und auf andere grausame Weise gemartert worden. Für dasjenige, daß wir uns gewehrt und einen Dragoner erschossen und fünf blessiert, haben wir sechshundert Reichsthaler an den Obersten Wrangel zahlen müssen, und damit solch Geld erfolgte, sind die vornehmsten Bürger, die doch zum Teil an dem Erschießen unschuldig gewesen, gestöcket und geblöcket worden. — Das liebe Korn ist vor dieser Stadt meistens weg; zum Teil ist es abgehütet, zum Teil an Soldatenhütten verbauet, zum Teil ist es abgemähet worden. Überall auf dem Lande, wo der Armeemarsch gegangen, ist gleicher Schade an dem lieben Korn zu sehen. Dazu kommt noch, daß die Straßen mit totem Vieh an Pferden und Füllen, Ochsen, Kühen und Kälbern, Schweinen, Schafen, Gänsen, Enten, Hühnern und dergleichen, das aus Übermut erschlagen worden, gleichsam bedeckt sind. — Die Kirchen sind ganz zerstört, und hat man an verschiedenen Orten die zinnernen Kelche besudelt und sie wieder auf den Altar gesetzt. Die Menschen, welche sie (die Schweden) angetroffen, sind erbärmlich traktiert worden. Was man an Bauern und anderen kurfürstlichen Unterthanen in Büschen und Wäldern angetroffen, hat man wie Hunde erschossen. Auch sind die nicht geschont, welche die Wege haben zeigen müssen. Kinder haben dergleichen Tyranneien auch erfahren müssen, daß man sie zum Vergnügen erschossen, wie dieses allhier unter anderem an einem Fischerknaben von dreizehn Jahren verübt, der auf dem See aus Übermut erschossen worden. Man hat auch Leute lebendig bis an den Hals in die Erde gegraben. Etlichen wurden Riemen lebendig aus dem Rücken geschnitten. Ja, es haben vor diesen Grausamkeiten die Toten in der Erde nicht ruhen sollen, sondern man hat sie ausgegraben, beraubt und vor die Hunde geworfen, und hat unter anderen der Generalmajor Trott, der zu

Babingen begraben ist, dieses leiden müssen, dann auch ein Rittmeister im Ruppinschen, welcher unlängst begraben gewesen."

Die Stadt Prenzlau mußte den Schweden täglich 120 Tonnen Getränke, 40000 Pfund Brot und 100 Ochsen liefern. Ein Bürger berichtete von dort: Man durchbohrt den Leuten die Hände, wie der Herr Bürgermeister bezeugen kann, quält sie nackend ausgezogen, hängt sie auf oder rädert sie. Auch trichtern sie schwedische Tränke ein. Das machen sie also: sie gießen den Leuten allerhand Mistjauche und Unflat in den Hals und springen ihnen hernach auf die Leiber, bis die Jauche zum Halse wieder herausläuft.

Wunder konnte es nicht nehmen, daß die armen geschundenen Menschen sich da in ihrer Verzweiflung zur Wehr setzten. Die Bauern erschlugen die Schweden, sowie sie einzelner Trupps habhaft wurden. In der Altmark war es der Landeshauptmann Achaz v. d. Schulenburg, der die Landbewohner gegen den Feind aufbot. Aus jener Zeit stammt die bis auf unsere Tage in der Kirche zu Dannefeld (Kreis Gardelegen) aufbewahrte Fahne, welche die bekannte Inschrift trägt: „Wir Bauern von geringem Gut — dienen unserm Gnädigsten — Kurfürsten und Herrn mit unserm Blut!"

Herr Hennigs von Treffenfeld erhielt zur Wiederherstellung seiner Gesundheit Urlaub auf unbestimmte Zeit und ging nach Könnigde.

Dort empfing man den Helden mit außerordentlichen Ehrenbezeigungen. Als sich die Nachricht von dem Eintreffen des Regimentskommandeurs im Dorfe verbreitete, strömte alles dem Wagen entgegen. Auch von Klinke hatte sich eine Anzahl berittener Bauern, an der Spitze der biedere Lorenz Hennigs, zum Einholen des großen Joachim eingefunden.

Der Gefeierte entzog sich jedoch bald den Huldigungen. Er war so schwach und matt, daß man ihn aus dem Wagen heben und ins Haus tragen mußte. Außer der eigenen Familie durfte nur sein Bruder an das Krankenlager kommen.

Frau Peters aus Vollenrade, des Obersten Tochter, hatte sich zur Pflege des Vaters in Könnigde eingefunden. In Gemeinschaft mit ihrer Stiefmutter wartete sie des Verwundeten Tag und Nacht. Allmählich trug auch Joachims gute Natur den Sieg davon: die in der Schlacht empfangenen Blessuren heilten wider Erwarten schnell, und bald fühlte sich der alte Soldat so weit gekräftigt, daß er sein Pferd wieder besteigen konnte.

„Nun ziehst Du aber nicht wieder in den Krieg!" bat Margarete eines Tages den Gatten.

„Mein allerbestes Gretchen," antwortete der Oberst liebevoll. „Ich darf meinen hohen Kriegsherrn noch nicht verlassen. Ihm verdanke ich ja alles; lange kann auch der Hader der Völker unmöglich noch dauern, und dann wird Frieden bleiben für ewige Zeiten."

„Der Kurfürst denkt nicht daran, daß Du auch eine Familie hast, die denn am Ende doch mehr Ansprüche auf Dich besitzt, als jeder andere."

„Seit gestern nachmittag trage ich die Ordre aus der Kriegskanzlei in der Tasche!" platzte der an Winkelzüge nicht gewöhnte Soldat hervor. „Ich mochte es Dir bloß noch nicht mitteilen."

„Du bist doch aber krank," warf Frau von Treffenfeld thränenden Auges ein.

„In dem Schreiben steht," fügte der Oberst milde hinzu, „ich solle ein neues Regiment gründen und das der Armee nachführen. Die Gelder dazu sind bereits in Berlin angewiesen."

Schließlich mußte sich Margarete in das Unvermeidliche finden, denn ihr Gatte war ein viel zu guter Soldat, als daß er sich dem Befehle seines Landesherrn durch Vorspiegelung noch nicht erfolgter Heilung hätte entziehen sollen. Eifrig warb er junge Leute an, und diese liefen ihm auch in Menge zu. Überall in der Altmark erzählte man sich ja von den Thaten und der glänzenden

Carriere des ehemaligen Hirtenjungen von Klinke. Natürlich dachten es alle Angeworbenen so weit zu bringen. —

Kurfürst Friedrich Wilhelm, obwohl von der Gicht viel geplagt, drang nach Verjagung der Schweden unaufhaltsam in Pommern ein. Schon am Schluß des Jahres 1675 entrissen die Brandenburger dem Gegner das große Wolgaster Schloß. Im nächsten Jahre nahmen sie Anklam und Demmin, die Inseln Usedom und Wollin. Kaiserliche und dänische Truppen leisteten diesmal der berühmt gewordenen brandenburgischen Armee Hilfe. Bei der Einnahme Anklams war der Oberst von Treffenfeld wieder in Thätigkeit.

Nach viermonatlicher Beschießung fiel auch — am 6. Januar 1678 — das stark befestigte Stettin. In demselben Jahre eroberten die Brandenburger unter Zuhilfenahme ihrer Flotte die Insel Rügen. Dann bemächtigten sie sich der Städte Stralsund und Greifswald, der letzten schwedischen Bollwerke. Hennigs von Treffenfeld nahm regen Anteil an diesen Unternehmungen.

Vor Stralsund hatte der Oberst wieder auf seine Weise den Krieg geführt. Überall war er und nirgends. Schon sein Name verbreitete bei den Feinden Furcht und Schrecken. Am 21. Februar überfiel er mit seinen Reitern mehrere von Stralsund nach Greifswald gesandte schwedische Wagen. Die feindliche Begleitung wurde zum Teil in die Flucht getrieben, zum Teil getötet, der Inhalt der Wagen aber als gute Beute mit fortgeführt.

Einen außerordentlich kühnen Handstreich vollbrachte Hennigs noch bei Stralsund insofern, als er unter dem Schutze eines mit Zweigen beladenen Wagens Soldaten bis an die vor dem Frankenthore stehende Wache vorschob und zwölf Mann derselben gefangen nahm, außerdem aber noch 160 Stück Vieh unter den Kanonen der Festung wegführte.

Bei Demmin überfiel Treffenfeld 160 Schweden, die einen Wagenzug begleiteten, und machte über 50 Gefangene.

Mit 2000 Reitern bemächtigte sich Hennigs des Städtchens Barth, plünderte nach damaliger Sitte die Stadt und nahm einen schwedischen Rittmeister mit seiner Compagnie gefangen.

Nach der Einnahme von Stralsund, um dessen Besitz Wallenstein gerade fünfzig Jahre vorher vergeblich gerungen, ging Friedrich Wilhelm nach Berlin zurück; doch Ruhe sollte der Fürst, trotz seiner glänzenden Siege, immer noch nicht haben.

Um sich für den Verlust Pommerns zu entschädigen, fielen die Schweden noch im Dezember desselben Jahres von Livland in das Herzogtum Preußen ein und eroberten einen großen Teil des vollständig wehrlosen Landes.

Voll Ingrimm vernahm der Kurfürst diese Nachricht, aber ebenso schnell sammelte er ein nicht unbedeutendes Heer, zog trotz härtester Winterkälte durch Polen nach Preußen und überschritt mit seinen Truppen sogar die feste Eisdecke des frischen Haffs. Hennigs von Treffenfeld nahm wieder als Reiterführer an dem Feldzuge teil.

Dieser Rachekrieg war nicht von sehr langer Dauer; denn das folgende Jahr brachte endlich einen haltbaren, für Brandenburg aber schändlichen Frieden. Doch unserm braven „Jochen" verlieh der kurze Kampf neue Ehre und unvergleichbare Lorbeeren.

Dem Kommandeur von Treffenfeld war von seinem obersten Kriegsherrn der Befehl geworden, den Feind aufzusuchen und ihn nicht zur Ruhe kommen zu lassen. Mit tausend Reitern flog er dem langsamer folgenden brandenburgischen Heere voraus.

Bei Tilsit stieß Hennigs auf einen nicht unbedeutenden Teil der schwedischen Armee. Ein Regiment Kavallerie und sechs Compagnien Dragoner stellten sich dem kühnen Avantgardenführer entgegen.

Hier war es, wo der Oberst zum ersten Male vor der Aufgabe stand, selbständig ein größeres Treffen einzuleiten und zu vollführen.

Zum Angriff entschloß sich Hennigs sofort, ohne das

Gewagte seines Unternehmens im geringsten zu verkennen, denn seine Gegner waren ihm an Zahl bedeutend überlegen, ob an Bravour, das sollte sich bald zeigen.

Beim Dorfe Splitter stand der Feind in guter Ordnung. Seine Dragoner waren abgesessen, um Infanteriedienste zu thun. Hennigs sah deutlich, daß die Schweden von Tilsit aus noch fortwährend Verstärkung erhielten. Es galt jetzt ein „Entweder — oder". Wurde die Macht des Gegners zu groß, so sank die Hoffnung auf einen Erfolg bedenklich herab.

Entschlossen gingen die Brandenburger vor. Der Feind erwartete sie stehenden Fußes. Die erste Salve der kurfürstlichen Truppen riß schon viele Gegner zu Boden. Eine zweite schlug noch verheerender ein, während die Schüsse der Schweden lange nicht eine derartige Wirkung erzielten. Nun setzte sich Hennigs persönlich zu vernichtender Attacke an die Spitze seines Kavalleriegeschwaders. Wie Sturmgebraus donnerten die Reiter herbei. Der Feind wartete aber den Anprall nicht ab, sondern machte schreckerfüllt Kehrt, mit verhängtem Zügel davonjagend. Die abgesessenen Dragoner vermochten ihre Pferde nicht mehr zu besteigen; sie wurden sämtlich niedergemacht.

Mehrere Geschütze fielen in die Hände der Brandenburger, ferner 80 Bagagewagen, 100 Proviantschlitten, 7 Fahnen, 2 Standarten und einige Pauken. Außerdem wurde eine nicht unerhebliche Anzahl Schweden gefangen genommen, darunter zwei Majore und vier Kapitäne.

Der Kampf bei Splitter ist unbestreitbar die bedeutendste Heldenthat Jochens, des ehemaligen Hirtenjungen von Klinke.

Als Friedrich Wilhelm die Nachricht von Treffenfelds Sieg empfing, geriet er in die freudigste Bewegung. Noch am Abend desselben Tages (30. Januar) überreichte Hennigs seinem Kriegsherrn persönlich 7 erbeutete Dragonerfahnen, der Kurfürst aber ernannte seinen tapferen Reiterführer sofort zum Generalmajor.

Das Gros der schwedischen Armee hatte sich nach der Niederlage seines Vorschubes schleunigst zurückgezogen. „Wäre noch rechtzeitig Hilfe eingetroffen," versicherte Hennigs, „wir hätten das ganze feindliche Heer in die Flucht geschlagen."

Treffenfeld blieb während des ganzen Feldzuges, den Befehlen seines Kurfürsten eingedenk, „den Feinden auf den Hacken".

Im Februar schlug der Generalmajor Görzke die Schweden bei Heidekrug und brachte ihnen ganz empfindliche Verluste bei. Hennigs lieferte am selben Tage, von einer Streiferei zurückkehrend, 100 Gefangene ein.

Unter ähnlichen Verlusten wurden die Schweden bis in die Nähe Rigas getrieben. Erst dann gingen die brandenburgischen Truppen nach Preußen zurück. Das Herzogtum war nun von dem Feinde gesäubert.

Doch was halfen dem Kurfürsten von Brandenburg alle seine Siege? Neidisch auf die erlangte Größe verließen ihn alle seine Bundesgenossen, und selbst der Kaiser ließ sich bewegen, zu Nymwegen mit Frankreich Frieden zu schließen. So stand Friedrich Wilhelm bald ganz allein da. Während er die Schweden bei Tilsit geschlagen hatte, brach ein französisches Heer in seine westfälischen Länder ein und bedrängte die Einwohner von Cleve und Mark durch Brandschatzung, Raub und Mord aufs äußerste. Der bewunderte Held und Krieger sah sich gezwungen, im Frieden von St. Germain am 29. Juni 1679 alle seine Eroberungen an Schweden zurückzugeben. „O, daß es Federn giebt zum Schreiben!" rief er aus, als er die Friedensurkunde unterzeichnen sollte, und als dieses geschehen war, brach er voll schmerzlichen Unwillens in die Worte Virgils aus:

„Exoriare aliquis nostris ex ossibus ultor!"*)

Die Geschichte der Neuzeit hat den Spruch glänzend zur Wahrheit gemacht.

---

*) Ein Rächer mög' aus meinem Staub erstehn!

Das kurfürstliche Heer wurde bis auf einen geringen Stamm aufgelöst. Aber erst um die Weihnachtszeit kehrte der Generalmajor Hennigs von Treffenfeld nach Königde zurück. Der im Waffendienste ergraute Kriegsmann sehnte sich auch nun ernstlich nach Ruhe, und diese wurde dem Helden bis an sein Ende zu teil.

„Jochen Hennigs" war ein sehr wohlhabender Mann geworden. Einen großen Teil seines Barvermögens verwendete der nicht unerfahrene Landwirt zur Hebung seiner Güter. Im Dorfe verehrte man den alten Herrn wie einen Vater. Dabei hielt er auf strenge Zucht und Gottesfurcht.

Am Hofe des Kurfürsten war der ehemalige Reiterführer ein gerne gesehener Gast. Mehrere Male trieb ihn die Sehnsucht nach Berlin, und jedesmal durfte er seinen obersten Kriegsherrn sprechen.

So verstrichen Jahre. Es war im April 1688. Im Park zu Königde blühten bereits die Schneeglöckchen und jene gelbe Hyazinthenart, die der altmärkische Landmann mit dem seltsamen Namen „Fedeitschen" belegt hat. Die Stare jubilierten auf den Gebäuden des Gutshofes dem Lenze entgegen, und fleißig rührten sich viele Hände draußen auf den Fluren zur Bestellung des Ackers.

Da bekam der Herr Generalmajor eines Tages von einem alten Kriegskameraden in Berlin einen mit „cito" versehenen Brief. Das Schreiben enthielt die trübe Nachricht, daß Friedrich Wilhelm schwer erkrankt sei und die Ärzte den Zustand des hohen Patienten für „bedenklich" erklärt hätten.

Dem alten Haudegen traten die Thränen in die Augen, als er das gelesen hatte. Noch am selben Tage reiste er nach Berlin ab. — Angemeldet, wurde er sofort von dem Kurfürsten empfangen. Er fand den schwer Leidenden auf dem Schmerzenslager. Wohl eine halbe Stunde sprachen die beiden Kampfgenossen mit einander, wie es Freunde unter sich zu thun pflegen. Dann ver=

abschiedete Hennigs sich und kehrte traurig nach Können gde zurück. Schon am 30. April, spät abends noch, empfing er durch einen Staffettenreiter die Kunde, daß sein Landesherr tags zuvor sanft entschlafen sei. Den Ausbruch eines neuen Krieges mit Frankreich hatte Kurfürst Friedrich Wilhelm nicht mehr erlebt.

Hennigs vermochte den Tod seines hohen Gebieters gar nicht zu verschmerzen. Er, der am liebsten spaßte und scherzte, war plötzlich einsilbig und ernst geworden. Es schien, als ob das Leben für den alten Mann nur noch wenig Bedeutung habe. Oft sprach er die Worte vor sich hin: "Ich bin auch müde und möchte schlafen gehen."

Gerade am letzten Tage des Jahres 1688 schied auch er dahin, schmerzlos und ohne das Bett gehütet zu haben.

Im Grabgewölbe der Kirche zu Königde wurde der kurfürstliche General beigesetzt. Seine Leiche ist zur Mumie eingetrocknet und noch bis auf den heutigen Tag gut erhalten. Der Verfasser dieser Erzählung hat sie vor zwei Jahren selbst gesehen.

Mehr als zweihundert Jahre sind nun verstrichen, seit der getreue Paladin des Kurfürsten Friedrich Wilhelm in Königde die Augen auf immer schloß; aber sein Andenken ist noch nicht vergessen. In der Feldherrn-Ruhmeshalle des Berliner Zeughauses befindet sich die Büste des Generalmajors von Treffenfeld.

Auch die Kunst hat eine seiner Thaten verherrlicht. Das diesem Werkchen beigegebene Titelbild: Hennigs von Treffenfeld überbringt dem Großen Kurfürst nach der Schlacht bei Tilsit die Siegestrophäen, ist eine auf photographischem Wege gewonnene Verkleinerung eines bei Rud. Schuster in Berlin erschienenen und durch jede Buchhandlung zu beziehenden Kupferstichs.

Endlich hat Se. Majestät der Kaiser von Deutschland, Wilhelm II., laut Kabinetsordre vom 27. Januar 1891 bestimmt, daß das von der Schlacht bei Mars la Tour her rühmlichst bekannte Altmärkische Ulanen-Regiment Nr. 16 von jetzt ab den Namen führen soll: „Ulanen-Regiment Hennigs von Treffenfeld (altmärkisches) Nr. 16."

So hat die Nachwelt, insbesondere das dankbare Hohenzollernhaus, die Tapferkeit und Treue des altmärkischen Bauernsohnes Joachim Hennigs geehrt, auf daß er immerdar ein leuchtendes Vorbild solcher Tugenden bleiben möge.